J'ARRÊTE DE RENONCER À MES RÊVES !

Éditions Eyrolles
61, bd Saint-Germain
75240 Paris Cedex 05
www.editions-eyrolles.com

La collection « J'arrête de… » est dirigée par Anne Ghesquière, fondatrice du magazine FemininBio.com, pour mieux vivre sa vie !

Dans la même collection :

J'arrête de stresser !, Patrick Amar et Silvia André
J'arrête d'avoir peur !, Marie-France et Emmanuel Ballet de Coquereaumont
J'arrête d'être mal dans mon couple !,
Marie-France et Emmanuel Ballet de Coquereaumont
J'arrête de procrastiner !, Diane Ballonad Rolland
J'arrête les relations toxiques !, Marion Blique
J'arrête de (me) juger !, Olivier Clerc
J'arrête d'être jaloux(se) !, Bernard Geberowicz
J'arrête d'être parfaite, Cindy Ghys
J'arrête la malbouffe !, Marion Kaplan
J'arrête de surconsommer !, Marie Lefèvre et Herveline Verbeken
J'arrête d'être hyperconnectée !, Catherine Lejealle
J'arrête de râler ! L'intégrale, Christine Lewicki
J'arrête de râler sur mes enfants (et mon conjoint) !, Christine Lewicki et Florence Leroy
J'arrête de râler au boulot !, Christine Lewicki et Emmanuelle Nave
J'arrête d'être addict !, Olivier Lockert et Gérard Cervi
J'arrête de ramollir !, Barbara Meyer
J'arrête d'être débordée !, Barbara Meyer et Isabelle Neveux
J'arrête de m'épuiser !, Marlène Schiappa et Cédric Bruguière
J'arrête de subir mon passé !, Céline Tadiotto
J'arrête le superflu !, Joanne Tatham

Illustrations originales : Claire Le Meil

Mise en page : STDI

ISBN : 978-2-212-57103-5

Delphine Luginbuhl
et Aurélie Pennel

J'ARRÊTE DE RENONCER À MES RÊVES !

21 jours pour passer à l'action

Éditions
EYROLLES

Sommaire

Préambule

Et si nous vous disions que nous avons longtemps hésité avant de choisir le titre de ce livre ?

Pas facile d'interpeller à la fois les personnes qui hésitent à se lancer dans un projet précis et celles qui souffrent d'hésitation chronique. Elles ont pourtant un point commun : une grande difficulté à agir.

Ce que nous vous proposons ici, c'est de vous aider à changer de posture en 21 jours et arrêter d'hésiter pour enfin agir.

Dans la première partie de ce livre, vous comprendrez ce que vous avez à y gagner. La seconde partie vous donnera les clefs pour vous préparer au changement. Et enfin, dans la troisième partie, vous pourrez vous lancer dans le challenge très concret « 21 jours pour passer de l'hésitation à l'action » !

Tout au long de votre lecture, vous trouverez à la fois des apports théoriques, des témoignages vécus et des exercices pratiques que vous pourrez réaliser au gré de vos envies. En effet, il n'est pas question ici de vous faire crouler sous les injonctions, mais de vous offrir des clefs qui vous permettront de mettre en œuvre ce qui VOUS convient le mieux.

C'est parti !

Delphine & Aurélie

PARTIE 1

Arrêter d'hésiter…

Qu'est-ce que j'ai à y gagner ?

CHAPITRE 1
J'apprends à agir pour ne pas subir

« Mieux vaut avoir des remords que des regrets. »
Dicton populaire

L'hésitation n'est pas une mauvaise chose en soi, loin s'en faut : de nombreuses situations nécessitent de réfléchir avant d'agir, surtout lorsqu'elles incluent d'autres personnes que nous-même. Une personne qui se targuerait de ne jamais hésiter serait au mieux inconsciente, au pire dangereuse pour elle-même et pour les autres !

Cependant, il est des situations dans lesquelles le fait d'hésiter empêche de profiter de la vie et de se réaliser pleinement.

L'objectif de ce livre est de vous aider à adopter un rapport à l'hésitation sain et épanouissant.

Les vertus de l'hésitation

Notre vie est remplie d'hésitations de multiples natures… et heureusement !

Lorsque vous parcourez le menu au restaurant, vous hésitez quelques minutes avant de faire votre choix et cette hésitation est réjouissante car annonciatrice du plaisir gustatif que vous allez ensuite ressentir.

Lorsque vous êtes coincé derrière un tracteur sur une route nationale et que se présente une courte ligne droite, vous hésitez une demi-seconde avant de déboîter pour doubler l'ennuyeux engin et cette hésitation est nécessaire à votre sécurité (ainsi qu'à celle des automobilistes qui pourraient arriver en sens inverse !).

Lorsque la personne avec laquelle vous sortez depuis 3 mois vous propose d'emménager chez elle, vous hésitez (ou pas !) avant d'accepter (ce qui va bouleverser votre vie quotidienne) ou de refuser (ce qui va peiner l'élu(e) de votre cœur).

Hésiter, c'est avant tout réfléchir à une situation ou un sujet, quel que soit le temps que nous nous octroyons pour cela.

Nous vivons dans une société d'opulence, qui nous offre de multiples possibilités... mais nous impose de savoir renoncer ! En effet, nous devons accepter les limites dues au fait que nous n'avons (malheureusement) qu'une vie, et des aspirations variées qui sont parfois incompatibles. Ne pas renoncer reviendrait à tout vivre à moitié, ce qui n'est pas épanouissant.

Hésiter nous permet donc de peser le pour et le contre, de nous interroger sur ce qui est vraiment important pour nous et de faire des choix éclairés.

Il arrive parfois que l'hésitation nous amène au renoncement... et c'est souvent une bonne chose, car tous les projets ne sont pas faits pour être réalisés.

À vous de jouer

Identifiez 5 renoncements importants de votre vie que vous êtes satisfait d'avoir réalisés (sur un plan personnel, familial, professionnel...).

Que vous ont-ils apporté ? Que vous ont-ils appris ?

Cependant, il est des situations dans lesquelles nous souhaiterions passer à l'action et n'y parvenons pas, parfois justement par excès de possibilités : nous avons tellement peur de ne pas faire le meilleur choix possible que nous restons paralysés (que celle qui ne s'est jamais exclamée « je n'ai rien à me mettre » devant une penderie débordante nous jette la première paire... d'escarpins !). L'hésitation devient alors pesante car elle nous freine et nous empêche de nous réaliser.

Nous rêverions alors d'être audacieux !

L'audace, une denrée rare

L'audace est-elle positive ou négative ? Être audacieux, est-ce une qualité ou un défaut ?

Comme la Force des chevaliers Jedi de Star Wars, l'audace a un côté clair et un côté obscur. Du côté clair, l'audace est une vertu qui nous permet d'entrevoir des possibilités de résultat au-delà d'obstacles évidents. Du côté obscur, l'audace mal employée amène à des comportements imprudents, irrespectueux ou tout simplement irréalistes. Si l'audace permet souvent d'impulser l'énergie nécessaire à l'action, il est sage de l'accompagner d'une certaine dose de réflexion car, comme le résume Jean Cocteau avec esprit : « Le tact dans l'audace, c'est de savoir jusqu'où on peut aller trop loin[1]. »

Dans son sens positif, l'audace est la capacité de se mobiliser et de prendre des risques raisonnables pour atteindre un objectif. L'enquête Ipsos « Qu'est-ce que l'audace pour les Français ?[2] » montre le rapport ambivalent à l'audace que nous entretenons en France.

L'audace est utile… mais il est difficile d'en avoir et elle est peu valorisée en France

Pour les Français, l'audace est utile dans le milieu professionnel (94 %), dans la vie personnelle (87 %), dans la vie quotidienne (86 %) et dans la vie amoureuse (82 %). Bref, l'utilité de l'audace ne fait pas débat !

Pour autant, elle est perçue comme difficile à acquérir (83 %), et la France se situe à la 8e place des pays du G20 considérés comme les plus audacieux (derrière les États-Unis, le Canada, l'Allemagne, le Royaume-Uni, l'Australie, le Japon et la Chine).

64 % des Français (toutes générations et catégories confondues) considèrent qu'on manque d'audace en France et 82 % estiment qu'elle n'est pas valorisée en France, pour des raisons que nous allons détailler.

---

1. Jean Cocteau, *Le Coq et l'Arlequin*, éditions Stock, 1918.
2. Réalisée en octobre 2014 auprès de 1 000 personnes de 18 ans et plus (échantillon représentatif, méthode des quotas).

Le système scolaire et le monde du travail particulièrement pointés du doigt

59 % des Français jugent qu'on freine l'audace à l'école et seulement 5 % jugent, au contraire, qu'elle y est favorisée.

Sans chercher à dénigrer notre système scolaire, on peut souligner que l'évaluation des élèves se fonde principalement sur les résultats de leur travail individuel et sur leur niveau de conformité aux règles énoncées par les enseignants. L'erreur est mal perçue et les élèves obtiennent généralement de bonnes notes en « recrachant » leur cours, ce qui ne les incite pas à prendre des risques pour exprimer des avis plus personnels et créatifs (qui peuvent, certes, les amener à d'excellents résultats salués par leurs professeurs... mais génèrent le risque de récolter une mauvaise note si leur travail est jugé hors sujet ou peu pertinent).

Les travaux en groupe sont peu nombreux et les élèves ont peu l'occasion de prendre la parole en public, ce qui ne facilite pas l'aisance dans le travail collectif, pourtant souvent nécessaire dans la vie professionnelle. Or 64 % des Français considèrent que l'on est plus audacieux à plusieurs que tout seul... Opinion que nous partageons pleinement depuis que nous avons décidé de coécrire des livres de développement personnel !

Notons que ce constat sur le système scolaire n'est pas limité à l'hexagone. Ainsi, dans son livre *Osez sortir du rang*[3], Adam Grant mentionne plusieurs recherches qui montrent que « les enfants qui ont le moins de chances d'être les chouchous des professeurs sont les plus créatifs ». En effet, les élèves peu conformistes et qui aiment créer leurs propres règles sont souvent peu appréciés car perçus comme éléments perturbateurs. Pour être bien vus de leurs professeurs, les élèves ont donc tendance à garder pour eux leurs idées originales et à rentrer dans le rang. Certes, le propos que nous tenons ici pourra paraître réducteur aux yeux de certains ; il est pourtant représentatif d'une certaine réalité. L'enseignement reste un sujet vaste et complexe qui mériterait d'être plus étayé, mais là n'est pas la vocation de notre ouvrage.

Le constat se poursuit dans le monde du travail : 50 % des Français jugent qu'on freine l'audace en entreprise et seulement 12 % jugent au contraire qu'elle y est favorisée.

---

3. Adam Grant, 2016, *Osez sortir du rang ! Comment les esprits originaux changent le monde*, éditions De Boeck Supérieur (p. 15).

La peur de l'échec, sur laquelle nous nous attarderons au chapitre 6, freine la prise d'initiative et l'innovation, que ce soit lorsqu'il s'agit de monter son entreprise ou de faire des propositions visant à faire évoluer le système si l'on est salarié.

Des résistances culturelles et sociétales liées à l'image que l'on donne de soi

En France, quelqu'un d'audacieux est plus souvent envié/jalousé (43 %) et combattu (35 %) qu'admiré (18 %) ou soutenu (9 %).

Dans l'éducation que nous donnons à nos enfants, nous leur apprenons l'importance de la modestie… ce qui est une très bonne chose, si l'on ne tombe pas dans l'excès !

On peut être audacieux tout en cultivant l'humilité, avoir confiance en soi sans être prétentieux, entreprendre sans écraser les autres, réussir sans devenir pédant.

Vita activa ou *vita contemplativa*

Selon notre personnalité, nous sommes plutôt du genre à réfléchir beaucoup avant d'agir ou, au contraire, à agir d'abord et en tirer des enseignements ensuite. Ainsi, les philosophes distinguent la *vita contemplativa* (qui prône l'épanouissement à travers le lâcher prise et le fait de profiter de l'instant présent) et la *vita activa* (selon laquelle il existe en nous une force vitale qui nous pousse à agir pour nous accomplir).

Si, jusqu'au XVIIIe siècle, la *vita contemplativa* a été perçue comme un mode de vie supérieur à la *vita activa*, cette tendance s'est inversée à partir du XIXe siècle. Au-delà de cette tendance culturelle, il nous semble que la sagesse se situe entre les deux. En effet, nous menons des vies globalement actives et bien remplies, parfois stressantes, au cours desquelles il est important de se réserver des périodes de calme et de réflexion. Et réciproquement, nous savons, par exemple, que, pour aborder la retraite, il faut avoir des projets, car l'inactivité totale est tout aussi stressante que la suractivité.

Selon votre nature, vous vous sentez peut-être plus proche de l'une de ces approches que de l'autre… et c'est très bien ainsi ! On peut avoir une nature tournée vers la contemplation et agir à bon escient, tout comme on peut adorer l'action et savoir tirer des enseignements de ce que l'on réalise. Le tout est de trouver la posture qui vous convient, sans culpabiliser en vous comparant aux autres. En particulier, les personnes de nature contemplative ont parfois tendance à admirer les personnes plus tournées vers l'action, car elles se demandent comment celles-ci trouvent l'énergie d'entreprendre autant de choses... Gardons à l'esprit que parfois il vaut mieux prendre le temps de réfléchir avant d'agir de manière ciblée plutôt que de se disperser dans une multitude de projets que l'on ne mène pas à bien.

En résumé, l'important est d'être capable d'agir quand on le souhaite : ni trop, ni trop peu !

Aurélie témoigne : histoire de sœurs

Ma sœur m'a déjà dit qu'elle admirait mon énergie et ma capacité d'entreprendre. Je suis particulièrement extravertie et, depuis notre enfance, ma sœur a l'impression que je n'ai peur de rien et que je peux déplacer des montagnes.

Ce qui est drôle, c'est qu'elle s'est mise à son compte alors que j'hésite à le faire depuis plusieurs années ! Elle a beau être introvertie et plutôt contemplative, je suis admirative du courage et de la persévérance dont elle a fait preuve lorsqu'elle a décidé d'agir.

J'agis pour reprendre la main sur ma vie

Nous ne choisissons pas toujours les événements qui se produisent dans nos vies... et cela peut parfois nous donner un profond sentiment d'impuissance.

L'hésitation devient alors particulièrement douloureuse car elle nous renvoie à notre incapacité à nous sortir d'une situation qui ne nous convient pas.

Agir est alors la meilleure façon de reprendre le contrôle et de nous sentir puissant. Il n'est pas nécessaire d'entreprendre une action extraordinaire, juste de refuser de nous complaire dans le malheur (ou la simple difficulté) et de nous prouver que le fait d'avancer malgré l'adversité ne dépend que de nous.

Delphine témoigne : ne pas perdre espoir

Alors que je venais de me lancer hier soir dans l'écriture de ce chapitre, j'ai réalisé une fausse manœuvre qui m'a fait mettre tous les fichiers de mon ordinateur à la corbeille.

Certes, ils n'étaient pas totalement perdus, mais je me retrouvais avec plus de 2 000 fichiers en vrac, ce qui rendait impossible la recherche d'un fichier précis puisque tous mes dossiers de classement étaient vides.

Heureusement, je sauvegarde automatiquement une fois par jour mon disque dur sur le Cloud... Sauf que la restauration refusait mystérieusement de se faire, sans que je comprenne pourquoi !

Après avoir essayé différentes solutions trouvées sur Internet, toutes inefficaces, je me suis résignée à devoir passer une vingtaine d'heures à restaurer mes fichiers un par un, à la main... Avant que mon ultime tentative de récupération sur le Cloud se solde par un succès apparent à deux heures du matin.

Je me suis couchée plutôt soulagée, mais un peu anxieuse tout de même à la pensée que je n'aurais confirmation du succès de l'opération que le lendemain, que ma nuit allait être bien courte et ma journée de travail bien longue après si peu de sommeil.

Quelques heures plus tard, je suis en train d'écrire cette anecdote (sur une feuille de papier !), installée à ma table de cuisine avant que la maisonnée se réveille… et cela me permet de voir sous un jour nettement plus positif cette mésaventure. Je ne sais pas encore avec certitude si je vais récupérer mon disque dur, mais agir me permet de reprendre la main sur cette situation totalement subie.

Même si nos actions ne se soldent pas toujours par un succès, il est réconfortant de se dire que nous avons fait de notre mieux.

Je ne veux plus hésiter !

Parfois, l'hésitation est telle qu'elle bloque le passage à l'action. L'hésitation devient alors une vraie source de souffrance, d'autant plus qu'elle s'accompagne souvent d'une tendance à critiquer l'entourage (le chef qui ne prend pas ses responsabilités, les politiciens qui font n'importe quoi, le conjoint qui ne nous soutient pas…) ou de culpabilité ou de dévalorisation (« je ne vaux rien », « je ne sais pas comment je vais m'en sortir » et « j'ai trop peur pour agir »).

Il est alors intéressant de savoir se poser les bonnes questions. Que révèle mon hésitation ? Qu'est-ce qui m'attire ? Qu'est-ce qui me freine ? Qu'est-ce qui ne me convient pas ? Qu'est-ce qui ferait que ça me conviendrait mieux ? Qu'est-ce que je fais aujourd'hui pour changer ce qui ne me convient pas ? Autant de questions que nous aborderons dans les prochains chapitres.

Si vous avez acheté ce livre, vous avez probablement la volonté de trouver des clefs pour développer votre audace et passer à l'action, afin de modifier une situation qui ne vous convient pas.

Nous allons vous accompagner sur ce chemin et vous aider à développer vos propres moyens d'agir pour arrêter de subir !

Souvent, nous hésitons à agir car nous avons l'impression de ne pas être à la hauteur de la tâche et que tout ce que nous pourrions faire serait bien peu de chose.

Delphine témoigne : agir à sa mesure

La paupérisation de la société française saute aux yeux des citoyens, notamment lorsqu'ils sont confrontés à la mendicité. Il n'est pas rare d'entendre des gens se lamenter sur le sort des personnes concernées et de s'offusquer qu'aucune solution ne soit trouvée par le gouvernement.

Suite à plusieurs trajets en métro, ma fille Laura s'est montrée très préoccupée par le sort des SDF, allant jusqu'à en ressentir des difficultés à s'endormir. Tout en soulignant le fait qu'il était positif qu'elle se préoccupe de ce genre de choses et qu'elle pourrait, lorsqu'elle serait plus grande, s'investir dans cette cause, je l'ai invitée à ne pas se morfondre dans une tristesse passive et à réfléchir avec moi à ce qu'elle pourrait faire du haut de ses 9 ans. Nous avons décidé que nous aurions désormais toujours un paquet de biscuits dans notre sac, à distribuer aux plus nécessiteux.

De nombreuses personnes souhaiteraient s'engager dans une démarche humanitaire mais hésitent sur la marche à suivre. Au final, la plupart d'entre elles renoncent en se disant qu'elles ont trop peu de temps à y consacrer pour que cela serve vraiment à quelque chose. Et pourtant, si chacune d'entre elles arrêtait d'hésiter et passait à l'action, l'impact serait phénoménal.

À vous de jouer

Réfléchissez à une situation qui ne vous convient pas et que vous souhaitez changer, puis posez-vous les questions suivantes :

- Sur quoi n'avez-vous pas la main ? Êtes-vous capables de l'endurer ou pas ? Sinon, quelles sont vos possibilités d'action (fuite, évitement, négociation avec autrui, adaptation de la situation pour rendre l'irritant supportable...) ?
- Sur quoi avez-vous la main ? Que pouvez-vous changer dès à présent pour améliorer la situation ? Quel plan d'action pouvez-vous mettre en œuvre à plus long terme ?

Dans certaines situations, il s'avère intéressant de solliciter une aide extérieure. De plus en plus de personnes font aujourd'hui appel à des coachs pour débloquer des situations de vie qui ne les satisfont pas : elles souhaitent effectuer des changements profonds (par exemple, un changement d'activité professionnelle) mais hésitent depuis des années, sans oser franchir le pas.

En effet, l'usage du coaching a beaucoup évolué ces dernières années. Initialement perçu comme une démarche « de la dernière chance » destinée aux personnes ne donnant pas satisfaction à leur employeur, il a progressivement été proposé aux personnes « à potentiel » pour les aider à progresser encore plus... et cela avant que le métier de coach de vie ne connaisse un important essor. Tourné vers l'avenir et orienté vers l'action, le coaching a pour objectif d'aider une personne à atteindre un ou plusieurs objectifs qu'elle ne parvient pas à atteindre seule, car elle est coincée dans son cadre de référence qui limite ses perspectives de réflexion et d'action.

L'essentiel de ce chapitre

- L'hésitation peut être vertueuse, tant qu'elle ne vous empêche pas de vous réaliser.
- L'audace est peu valorisée en France, il est temps de redorer son blason : on peut être audacieux et réussir tout en restant humble.
- Selon votre personnalité, vous avez plutôt tendance à réfléchir avant d'agir ou, au contraire, à agir d'abord pour en tirer des enseignements : il n'y a pas de bon ou de mauvais profil, l'important est que vous soyez capable d'agir quand vous le souhaitez. Cela vous permettra de vous sentir maître de votre vie.

CHAPITRE 2
J'ose rêver

« Faites que le rêve dévore votre vie afin que votre vie ne dévore pas votre rêve. »

Antoine de Saint-Exupéry, *Le Petit Prince*

Qu'ils soient terre à terre ou incroyablement ambitieux, nos rêves sont une source puissante de motivation. Or, si nous avons tous la capacité innée de rêver, il nous est parfois difficile d'accorder un réel crédit à ces rêves, qui traduisent pourtant nos aspirations profondes.

Apprendre à nous reconnecter à nos aspirations est une première étape essentielle pour oser passer à l'action.

Notre monde intérieur onirique

« Moi, quand je serai grand, je serai astronaute ! » s'enthousiasme Louis, 9 ans. Inès lui répond tout de go qu'elle sera vétérinaire. Se projeter dans un avenir idéal, sans crainte ni entrave, est un jeu auquel s'adonnent tous les enfants. Ils n'érigent pas de barrières insurmontables, ils imaginent simplement la vie de leurs rêves, l'avenir qui leur correspond, le monde de tous les possibles.

Cette faculté de l'enfance, nous la perdons parfois en devenant adultes, sous prétexte de réalisme et de prise en compte des risques qui nous entourent. S'il est important de ne pas nier la réalité et ses dangers, il demeure essentiel de se reconnecter à ses aspirations profondes pour s'épanouir pleinement.

Nous avons tous des rêves, petits ou grands !

Le rêve de Christine

Christine a 49 ans, elle vit en concubinage. Son métier d'assistante de direction dans une entreprise de construction lui plaît beaucoup.
Propriétaire d'un petit pavillon, elle s'adonne volontiers au jardinage, qui lui procure beaucoup de détente.
Dans son cercle familial, certains sont persuadés que Christine aurait rêvé d'avoir des enfants, mais cela est parfaitement faux ! Christine a choisi de ne pas en avoir et elle est très heureuse ainsi. Le rêve de Christine est bien plus incongru : un peu timide, elle adorerait pousser la chansonnette, micro à la main, devant un public. C'est décidé, pour ses 50 ans, Christine s'offrira le luxe d'un karaoké et rien ne la ravit plus que cela !

Il est important de réaliser qu'il n'y a pas de petits rêves : les rêves modestes sont tout aussi « valables » que les rêves les plus fous. En effet, nous avons tous des aspirations qui nous sont propres et qui peuvent n'être pas comprises (voire être dévalorisées) par autrui. Elles font partie de ce que nous sommes, charge à nous de les respecter et de les faire évoluer à mesure que nous nous confrontons à la vie.

Certains événements, ou simplement le temps qui passe, nous font gagner en maturité et en sagesse et peuvent modifier nos rêves.

D'ouvrier à patron d'un grand journal !

Jean-Marc Pastorino a 21 ans lorsqu'il est embauché en 1978 par le célèbre quotidien régional français *Nice-Matin*. C'est ainsi qu'il commence sa carrière comme nettoyeur de rotative. Après quelques années, le jeune homme a des velléités d'évolution et suit une formation de technicien de maintenance.

Il continue à gravir les échelons jusqu'à devenir cadre coordinateur du service impression-maintenance, puis chef de service de maintenance générale.
Et l'histoire ne s'arrête pas là !
En mai 2014, alors qu'il est responsable de production, le journal est en redressement judiciaire et plus de 700 licenciements sont prévus... C'est alors qu'un événement va bouleverser Jean-Marc Pastorino : une vieille dame de 85 ans propose de leur donner toutes ses économies (4 500 €) pour continuer à recevoir son journal chaque matin...
Le rêve de Jean-Marc évolue : il veut maintenant sauver le journal ! Un mouvement naît et la mobilisation permet aux salariés de racheter eux-mêmes le journal, dont Jean-Marc Pastorino devient directeur général. En septembre 2015, il est nommé président.

Et vous, il y a dix ans, quels étaient vos rêves ? En avez-vous réalisé certains ? Comment ont-ils évolué ? Voici beaucoup de questions auxquelles nous n'avons pas toujours de réponse.

Pour autant, nous ressentons parfois le besoin de nous reconnecter à nos aspirations profondes, de renouer avec ces rêves que nous avons refoulés... Mais comment en sommes-nous arrivés à ne plus savoir ce qui nous fait vibrer ? Pourquoi avons-nous perdu cette faculté de rêver notre vie, de l'imaginer comme nous souhaiterions qu'elle soit ?

Qu'est-ce qui m'empêche de rêver ?

L'ennemi numéro 1 de nos rêves est le conditionnement. La société, nos proches ou nous-mêmes nous conditionnons avec des injonctions qui ne correspondent pas forcément à nos aspirations profondes.

Le poids du système

Retour vers le passé

Dans la France du Moyen-Âge, le droit d'aînesse conférait au premier-né d'une noble famille un héritage confortable, au détriment de ses frères et soeurs, qui se retrouvaient bien souvent contraints d'entrer dans les ordres ou d'embrasser une carrière militaire.

Les temps ont changé mais, aujourd'hui encore, la société érige des normes auxquelles il est difficile de déroger. À titre d'exemple, nous pouvons citer cette étude[1] qui montre que les patrons du CAC 40 sont majoritairement détenteurs de diplômes de prestigieuses écoles, avec une forte prévalence pour l'École polytechnique, l'ENA et HEC. La société nous met souvent sur les rails d'une voie tracée pour nous. Aussi est-il courant d'entendre qu'un enfant à l'aise avec les mathématiques sera ingénieur, qu'un grand sensible développera sûrement des capacités artistiques, ou que des études de lettres mèneront tout droit à l'enseignement.

Si ces assertions peuvent, dans le meilleur des cas, nous conforter dans nos choix, elles risquent au contraire de nous éloigner de ce que nous voulons vraiment faire de notre vie.

Les injonctions familiales

Qu'on le veuille ou non, la culture familiale fait partie de notre bagage : nous recevons tous un héritage éducationnel qui marque notre avenir.

Cet héritage constitue un cadre qui va nous permettre de trouver les repères nécessaires à notre construction... mais il peut également se révéler inhibiteur de notre libre arbitre.

Dans les familles, les injonctions peuvent être tacites ou affirmées. Par exemple, dans certaines familles, tous les hommes embrassent une carrière d'avocat ou de médecin ; lorsque l'un d'eux choisit une autre voie, cela peut créer un conflit allant jusqu'à son exclusion du clan.

---

1. Étude publiée par Recto Versoi le 20 juillet 2018. Résultats détaillés sur : https://www.recto-versoi.com/blog-orientation-scolaire/formations-patrons-cac-40

Ouvrier de père en fils

Olivier a débuté dans l'industrie automobile à l'âge de 16 ans. Après deux décennies passées au sein de la société, son chef lui propose d'évoluer vers un poste de cadre. Pour cela, il doit faire valider les acquis issus de son expérience professionnelle. Olivier est enchanté de la nouvelle, son épouse est très fière de lui.
Mais, 6 mois plus tard, Olivier n'a toujours pas rédigé le rapport qui lui permettra d'accéder à sa promotion, malgré l'aide que lui propose régulièrement l'un de ses proches collègues. Lors d'une discussion avec ce dernier, Olivier réalise qu'il appréhende de devenir cadre car cela sonne pour lui comme une trahison : dans sa famille, on est ouvrier de père en fils et on ne se mélange pas au patronat.

Si, d'un œil extérieur, il peut être tentant de jeter la pierre aux parents qui entravent les désirs de leurs enfants, il est important de garder à l'esprit que ces parents cherchent bien souvent à protéger leur progéniture de dangers ou de désillusions : « Faut pas rêver, tu ne seras pas acteur, il y en a très peu qui parviennent à percer dans le métier », « Médecine, c'est trop dur, tu ne préférerais pas être infirmière ? »... Autant de phrases aussi lapidaires que bien intentionnées !

Le coup de cœur d'Aurélie

La chanson *Le mime* de Lynda Lemay illustre parfaitement le poids des attentes parentales et la déception qui s'ensuit, tant chez l'enfant que chez le parent, dès lors qu'elles ne sont pas comblées. Je vous invite à l'écouter sans plus attendre...

Notons que les enfants apprennent par l'imitation plus que par les injonctions. Il est donc important de veiller à ce que ce phénomène d'imitation ne représente pas un frein aux projets de nos enfants.

Je me remets à rêver

Nous vous proposons ici de vous aider à identifier vos rêves, du plus petit au plus ambitieux. Surtout ne vous censurez pas, faites comme si vous n'aviez pas de contrainte !

La seule règle imposée est de jouer le jeu jusqu'au bout… Faites-nous confiance ! ☺

À vous de jouer : remue-méninges

Prenez de quoi noter et répondez spontanément aux questions suivantes :

1. Quels sont les rêves « simples » que vous remettez systématiquement à plus tard ?
2. Que souhaitez-vous changer dans votre vie ?
3. Si vous aviez une baguette magique, que feriez-vous ?
4. Imaginez-vous spectateur de vos propres funérailles dans 10 ans. Que souhaiteriez-vous que votre meilleur ami, votre collègue préféré et les membres de votre famille disent de vous ? De quelles réalisations parleraient-ils avec emphase ? Qu'auriez-vous fait au cours de ces 10 années dont vous pourriez être particulièrement fier ?

Félicitations, vous avez entre les mains une première liste de rêves. N'hésitez pas à la mettre à jour régulièrement.

Laissez-vous maintenant guider pour une incursion dans la culture nippone avec l'*ikigaï*.

Akihiro Hasegawa[2] définit ce concept très ancien comme une démarche personnelle d'introspection visant à trouver un sens (*gai*) à sa vie (*iki*).

---

2. Psychologue clinicien et professeur agrégé de l'université Toyo Eiwa.

Trouver son *ikigaï* revient donc à se donner une vie qui vaut la peine d'être vécue. D'après les Japonais, nous avons tous un ou plusieurs *ikigaï* et ils évoluent au cours de notre vie.

Pour découvrir notre *ikigaï*, une méthode occidentalisée a été créée. En remplissant chaque cercle, vous trouverez au centre votre *ikigaï*, subtil équilibre entre :

- ce que vous savez faire, ce pour quoi vous êtes doué ;
- ce que vous aimez faire, vos passe-temps, passions, mais aussi vos plaisirs professionnels ;
- ce dont le monde a besoin ;
- ce pour quoi vous pouvez ou pourriez être récompensé, ce pour quoi vous souhaiteriez être valorisé et reconnu.

À vous de jouer : faites votre 生き甲斐

Ikigaï

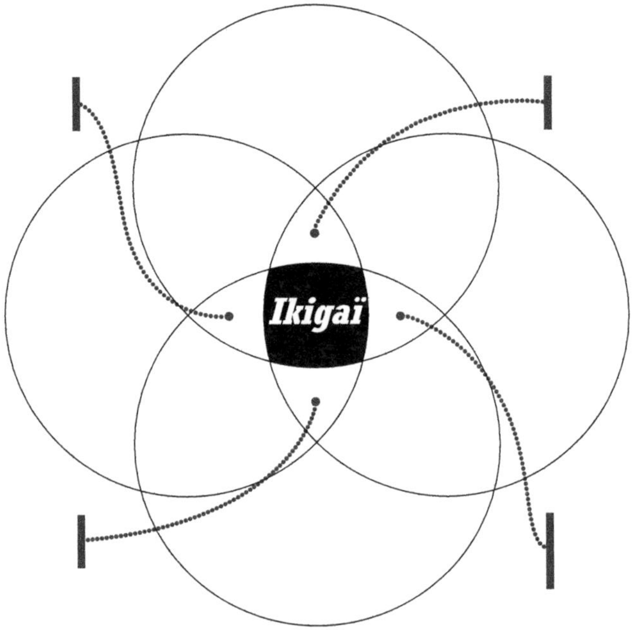

Nous espérons que ce petit travail sur vos rêves vous a permis de mettre des mots sur vos aspirations profondes : maintenant que vous avez identifié les projets qui vous tiennent vraiment à cœur, il n'est plus question de reculer ou d'hésiter !

Pour vous lancer dans leur réalisation, la prochaine étape consiste à ancrer solidement votre confiance en vous, en gardant bien en tête ce credo : « Ne prenez pas vos rêves pour des banalités. »

L'essentiel de ce chapitre

- Nous avons tous des rêves, que nous avons malheureusement souvent mis de côté, car nous sommes conditionnés par des injonctions (professionnelles, sociétales, familiales...) qui ne correspondent pas à nos aspirations profondes.
- Vous reconnecter à vos rêves vous ouvre la voie d'une vie qui vaut la peine d'être vécue.
- Lorsque vous identifiez les projets qui vous tiennent vraiment à cœur, vous pouvez vous appuyer sur vos aspirations profondes pour trouver la force de passer à l'action.

CHAPITRE 3

Je renforce ma confiance en moi

« L'homme est ce qu'il croit. »

Anton Tchekhov

La confiance en soi est la faculté de se sentir capable et à l'aise pour s'affirmer, exprimer ses opinions et agir, mais aussi de se sentir légitime dans une situation donnée.

C'est un prérequis essentiel à l'action car, en proie au doute sur soi-même et sur sa capacité à réussir, l'individu trouvera plus confortable de rester dans l'immobilisme et le *statu quo*.

Qu'est-ce que la confiance en soi ?

Mélange d'inné et d'acquis, la confiance en soi fluctue en fonction des événements de la vie, des succès et des échecs rencontrés, mais aussi selon les émotions ressenties à un moment donné.

Elle s'exprime à des degrés variables dans les différents domaines de la vie (en privé, en face-à-face, au téléphone, par écrit, sur Internet, au travail…) et selon les sujets abordés.

Ce concept est très proche de celui d'estime de soi, qui constitue l'appréciation qu'une personne porte sur elle-même : c'est le fait de s'autoriser à s'aimer, d'avoir une bonne image de soi et de poser sur ses actions un regard positif et bienveillant. Avoir une haute estime de soi revient à se considérer comme une personne digne de valeur.

Quand estime de soi et confiance en soi sont à un bon niveau, ce sont tous les domaines de votre vie qui s'en trouvent exaltés.

Non seulement vous avez une force d'entreprendre qui vous pousse à l'action, mais en plus vous vous épanouissez personnellement : vous réussissez davantage, vous vivez mieux les événements et vous vous sentez plus heureux, plus vivant…

Quand Charlie Chaplin nous parle d'amour de soi

Le jour où je me suis aimé pour de vrai, j'ai pu percevoir que mon anxiété et ma souffrance émotionnelle n'étaient rien d'autre qu'un signal quand je vais contre mes convictions. Aujourd'hui je sais que ça s'appelle « l'Authenticité ».

Le jour où je me suis aimé pour de vrai, j'ai commencé à percevoir l'abus dans le fait de forcer une situation, ou une personne, dans le seul but d'obtenir ce que je veux, sachant très bien que ni la personne ni moi-même ne sommes prêts et que ce n'est pas le moment. Aujourd'hui je sais que ça s'appelle « le Respect ».

Le jour où je me suis aimé pour de vrai, j'ai cessé de vouloir une vie différente et j'ai commencé à voir que tout ce qui m'arrive contribue à ma croissance personnelle. Aujourd'hui je sais que ça s'appelle « la Maturité ».

Le jour où je me suis aimé pour de vrai, j'ai compris qu'en toutes circonstances, j'étais à la bonne place, au bon moment. Et, alors, j'ai pu me détendre. Aujourd'hui je sais que ça s'appelle « l'Estime de Soi ».

Le jour où je me suis aimé pour de vrai, j'ai cessé d'avoir peur du temps libre et j'ai arrêté de faire de grands plans, j'ai abandonné les grands projets du futur. Aujourd'hui je fais ce qui est bien, ce que j'aime, quand ça me plaît et à mon rythme. Aujourd'hui je sais que ça s'appelle « la Simplicité ».

Le jour où je me suis aimé pour de vrai, j'ai commencé à me libérer de tout ce qui ne m'était pas salutaire. Les personnes, les situations, tout ce qui baissait mon énergie. Au début, ma raison appelait ça de l'égoïsme. Aujourd'hui je sais que ça s'appelle « l'Amour-Propre ».

Le jour où je me suis aimé pour de vrai, j'ai cessé de chercher à toujours avoir raison et me suis rendu compte de toutes les fois où je me suis trompé. Aujourd'hui j'ai découvert « l'Humilité ».

Le jour où je me suis aimé pour de vrai, j'ai cessé de revivre le passé et de me préoccuper de l'avenir. Aujourd'hui je vis au présent, là où toute la vie se passe. Aujourd'hui je vis une seule journée à la fois et ça s'appelle « la Plénitude ».
Le jour où je me suis aimé pour de vrai, j'ai compris que ma tête pouvait me tromper et me décevoir. Mais si je la mets au service de mon cœur, elle devient une alliée très précieuse. Tout ceci est « le Savoir-Vivre ».
Nous ne devons pas avoir peur de nous confronter. Du chaos naissent les étoiles. Aujourd'hui je sais que ça s'appelle « La Vie » !

À vous de jouer : faites le test

	Jamais	De temps en temps	Assez souvent	Presque toujours
1. Vous pensez être une personne qui a confiance en elle.	❑	❑	❑	❑
2. Vous prenez facilement la parole en public.	❑	❑	❑	❑
3. En cas de désaccord avec une opinion, vous défendez la vôtre âprement.	❑	❑	❑	❑
4. Les autres disent de vous que vous avez confiance en vous.	❑	❑	❑	❑
5. Dans une soirée où vous ne connaissez personne, vous vous sentez à l'aise.	❑	❑	❑	❑

6. Quand vous devez émettre une réclamation, vous vous y attelez sans appréhension.	❑	❑	❑	❑
7. Vous défendez vos intérêts et ceux de vos proches sans complexes.	❑	❑	❑	❑
8. En général, vous obtenez ce que vous désirez.	❑	❑	❑	❑
9. Vous hésitez avant d'agir.	❑	❑	❑	❑
10. Vous vous comparez aux autres.	❑	❑	❑	❑
11. Vous vous dépréciez quand vous commettez un impair/une erreur.	❑	❑	❑	❑
12. Face à un reproche/une critique, vous vous sentez nul.	❑	❑	❑	❑
13. Vous aimez recevoir des compliments et ne vous sentez pas gêné.	❑	❑	❑	❑
14. Vous êtes à l'aise lorsque vous n'achetez pas de vêtements après en avoir essayé.	❑	❑	❑	❑
15. Vous faites du shopping sans prendre l'avis d'un proche.	❑	❑	❑	❑

Pour les questions 1 à 8 et 13 à 15, comptez :

- 3 points si vous avez répondu « presque toujours »
- 2 points si vous avez répondu « assez souvent »
- 0 point si vous avez répondu « de temps en temps »
- 1 si vous avez répondu « jamais »

Pour les questions 9 à 12, comptez :

- moins 3 points si vous avez répondu « presque toujours »
- moins 2 points si vous avez répondu « assez souvent »
- 0 point si vous avez répondu « de temps en temps »
- moins 1 si vous avez répondu « jamais »

Si votre score est négatif :
Cela n'est probablement pas une surprise pour vous : vous avez peu confiance en vous. Bien que cela vous pose parfois souci, nous avons une bonne nouvelle à vous livrer : outre le fait que cela vous a permis de développer d'autres qualités, manquer de confiance en soi n'est pas une fatalité ! Nous vous invitons à prêter particulièrement attention à ce

chapitre et notamment aux exercices pratiques... Et à refaire ce test dans quelque temps ☺.

Si votre score est compris entre 0 et 15 :
Vous avez une confiance en vous dans la moyenne. Conscient de vos qualités, vous savez affronter les remises en question, même s'il vous arrive de douter de vos capacités dans certains contextes. Vous disposez de bonnes fondations pour bâtir une confiance en vous solide, qui vous permettra d'atteindre vos objectifs.

Si votre score est supérieur à 15 :
Vous avez globalement une bonne confiance en vous. Cela constitue une réelle force pour mener à bien tous vos projets. Ce chapitre fera certainement écho à des comportements que vous adoptez spontanément. Nous espérons qu'il vous permettra également de découvrir des clefs supplémentaires pour renforcer encore votre confiance en vous... et pour mieux comprendre les personnes qui en manquent.

Quelques manifestations du manque de confiance en soi

La majorité des personnes ressentent à un moment donné ou dans une situation précise un manque de confiance en elles-mêmes. Ce défaut de confiance en soi s'exprime de diverses manières selon les individus.

Agnès témoigne

Je sais que je suis intelligente mais je n'ai pas confiance en moi pour prendre la parole en public. Je suis une chercheuse reconnue, sûrement même la meilleure dans mon domaine... Mais quand je dois monter sur l'estrade pour présenter mes travaux, je perds tous mes moyens : j'ai mal au ventre et le cœur qui bat à 100 à l'heure, ma voix tremble et je bute sur les mots. Pourtant, je ne suis pas quelqu'un d'introverti, je suis même plutôt du genre à m'affirmer, mais devant tous ces gens qui pourraient me juger négativement, voire remettre en cause mes conclusions, je doute de moi-même.

Le témoignage d'Agnès est intéressant car il souligne la différence entre manque de confiance en soi et introversion. Certaines personnes ne prennent pas la parole en public car elles sont introverties et estiment n'avoir rien à dire ; cela ne signifie pas pour autant qu'elles manquent de confiance en elles-mêmes. L'exemple d'Agnès montre aussi qu'on peut manquer de confiance en soi dans certaines circonstances et réussir quand même dans la vie !

Outre les signes physiques classiques qui peuvent révéler qu'une personne est mal à l'aise (rougissement, tremblements, regard fuyant, tics nerveux...), d'autres manifestations moins évidentes sont également le signe d'un manque de confiance en soi.

Ainsi, vous croisez parfois des personnes qui semblent avoir une confiance en elles très élevée, elles semblent ne craindre rien ni personne et ont une opinion sur tout... Et pourtant, en faire trop est souvent le signe d'un manque de confiance que l'on cherche à dissimuler !

Le paradoxe d'Amandine

On dit d'Amandine, 32 ans, qu'elle a un caractère bien trempé ! Toujours prompte à donner le change dans une discussion animée, elle est sûre d'elle-même à l'extrême. Elle en vient même à agacer ses collègues qui cherchent à la mettre en difficulté : les confrontations se multiplient. Loin de déstabiliser Amandine, ces conflits ont pour effet de renforcer encore son assurance... du moins en apparence ! Lorsqu'elle rentre chez elle le soir, elle s'effondre souvent dans les bras de son compagnon, à qui elle confie qu'elle se trouve nulle, que ses collègues la détestent et qu'elle se demande comment lui-même fait pour l'aimer.

En entreprise, nous croisons des salariés qui se plaignent de l'immobilisme de leur supérieur ou du comportement de ceux qui semblent « tout faire pour que ça plante ». Au lieu d'en vouloir à ces personnes qui nous irritent parfois, nous pouvons regarder leurs comportements à travers un autre prisme. Quand nous avons une faible confiance en nous, nous doutons fortement de notre capacité à réussir et nous allons même jusqu'à nous persuader que ce que nous entreprenons est voué à l'échec. Il ne nous reste que deux mécanismes plus ou moins conscients pour nous protéger face à ces prédictions défaitistes : soit nous évitons d'agir, soit nous mettons en œuvre des stratagèmes qui nous garantissent l'échec.

Vous vous sentez concerné par ces automatismes ? Pas de panique, nous allons voir dans la suite de ce chapitre comment lutter contre ces croyances limitantes.

Nous avons tous en tête l'exemple de personnes brillantes et forçant l'admiration qui ont pourtant l'impression de ne pas être dignes des sentiments qu'elles suscitent.

Pourquoi manque-t-on parfois de confiance en soi ?

La confiance en soi se bâtit dès le plus jeune âge

Nous avons évoqué, dans le chapitre « J'ose rêver », les facteurs qui nous empêchent de nous projeter dans notre vie idéale, avec notamment le conditionnement par la famille et la société.

Ce sont ces mêmes mécanismes qui interviennent dans l'affaiblissement de la confiance en soi, avec quelques facteurs supplémentaires.

Dans l'enfance, c'est dans l'expérimentation et la prise de risque que l'on construit sa confiance. À l'origine doté d'une grande confiance en lui, l'enfant ne doute jamais de sa capacité à réussir et recommence inlassablement les expériences jusqu'à ce qu'il réussisse. C'est ainsi qu'il apprend à se tenir assis, puis debout, puis à marcher. De même, il n'abandonne pas devant certains jouets dont l'utilisation se révèle de prime abord complexe : qu'il est difficile de faire entrer une forme octogonale rouge dans l'orifice prévu à cet effet... et pourtant la quasi-totalité des enfants finit par y parvenir !

Avant l'âge de 7 ou 8 ans, l'enfant ne dispose pas des capacités intellectuelles lui permettant de porter une appréciation sur lui-même. Il s'en remet donc complètement à l'image qui lui est renvoyée par autrui et, en premier lieu, par ses éducateurs. Les fondements de l'estime de soi chez l'enfant sont donc posés par les parents et l'entourage (fratrie, enseignants, grands-parents, camarades de classe...).

De fait, si les éducateurs de notre petit casse-cou lui soulignent exclusivement les dangers de l'existence à grand renfort de « attention, tu vas tomber », « ne fais pas ça, c'est dangereux », sa confiance en lui risque d'être affectée. En effet, mieux vaut encourager l'enfant à faire ses expériences (et au besoin rester à proximité pour l'aider), cela lui permet de prendre confiance en ses capacités (au contraire de la surprotection qui le cantonne à un rôle d'impuissant). Et s'il veut se lancer dans une aventure qui n'est définitivement pas de son âge, il ne reste plus qu'à lui expliquer toute la confiance que vous avez en lui et les raisons pour lesquelles il va devoir patienter encore un peu.

De même, il est essentiel que les éducateurs octroient à l'enfant le droit à l'erreur et à l'imperfection.

Porcinet

Lorsque Carole était enfant, son grand-père, patriarche respecté et vénéré dans la famille, vouait une adoration sans bornes à son premier petit-fils et riait volontiers des bêtises du petit dernier. La situation pour le « cousin du milieu » était bien plus inconfortable, son grand-père allant jusqu'à l'affubler du sobriquet « Porcinet ». Il faut dire que Paul se salissait tout le temps et était maladroit... Même si Carole n'osait rien dire, elle souffrait de le voir ainsi humilié et comprenait bien que cela renforçait encore sa maladresse.

Cette histoire familiale n'est pas un phénomène isolé. Lorsque nous donnons des surnoms à nos enfants, nous les conditionnons. Et même si nous pensons qu'ils sont positifs, il est important de veiller à l'interprétation que les enfants peuvent en faire : nous pensons, par exemple, au sobriquet « princesse » dont les parents affublent parfois leur fille et qui pourrait, dans certains cas, ancrer des croyances et des comportements qui nous semblent peu propices à l'épanouissement à l'âge adulte.

Les enfants, comme les adultes, sont imparfaits et il est important de les définir par leurs réussites plutôt que par leurs travers. Exit les surnoms mais aussi les petites phrases anodines du type « tu es vraiment mal dégourdi », « tu ne comprends rien, mais tu le fais exprès ou quoi ? ». En effet, des études de psychologie ont démontré que le fait de souligner chez un individu une qualité comme correspondant à ce qu'il est a pour effet de renforcer ce trait de personnalité chez l'individu (c'est le « principe de naturalisation »).

La résignation apprise[1]

La confiance en notre capacité d'agir varie en fonction des événements qui se produisent tout au long de notre vie et *a fortiori* dès le plus jeune âge.

Une théorie de psychologie appelée « résignation apprise » a d'abord été mise en évidence chez l'animal avant de l'être chez l'homme. Ainsi, en 1967, Maier et Seligman réalisent une expérience dans laquelle des chiens sont séparés en 3 groupes :

- Dans le premier, les chiens reçoivent 64 chocs électriques consécutifs toutes les minutes ou toutes les 2 minutes. Devant le museau de l'animal est placé un petit panneau. Si le chien appuie sur le panneau, le choc cesse. Sinon, il perdure 30 secondes. Ce groupe est le groupe d'échappement.
- Dans le deuxième groupe, les chiens sont condamnés à recevoir les décharges électriques sans aucun moyen d'y échapper, même s'ils appuient avec leur museau sur le panneau. C'est le groupe qui apprend la résignation.
- Dans le troisième groupe dit de contrôle, les chiens ne sont pas soumis à cette première phase expérimentale.

Dans la deuxième phase de l'expérience, qui intervient 24 heures après la première, les chiens sont placés dans une boîte séparée en deux par un compartiment. Le choc électrique n'intervient que dans un compartiment et il est signalé en amont par une sonnerie. Si le chien saute la barrière

1. Aussi appelée « impuissance apprise », « résignation acquise » ou « impuissance acquise ».

pour passer de l'autre côté de la boîte, le signal s'arrête et le chien ne reçoit pas la décharge. Si le chien n'agit pas au moment où le signal retentit, il reçoit une décharge 10 secondes après.

Dans les groupes 1 et 3 (d'échappement et de contrôle), la latence moyenne est d'environ 26 secondes pour échapper au choc, alors qu'elle est de plus de 48 secondes pour le groupe résigné. De plus, 75 % des chiens résignés ne parviennent pas à éviter 9 chocs sur 10, alors qu'une telle extrémité n'a pas été constatée dans les deux autres groupes.

Le traumatisme de la première expérience a ancré dans l'animal la croyance qu'il ne pouvait pas agir pour faire cesser l'événement. Il a appris qu'il était totalement impuissant et s'est résigné.

En 1974, Hiroto constate les mêmes résultats chez l'homme en remplaçant les chocs électriques par des bruits désagréables. Non seulement, les sujets sont plus passifs et subissent dans une grande proportion l'expérience désagréable, mais en plus le temps de réaction, quand réaction il y a, est largement augmenté par rapport à ceux qui n'ont pas appris la résignation au préalable.

C'est en 1967 que Maier et Seligman définiront la « résignation apprise » comme l'« état dans lequel l'organisme a appris que les résultats sont incontrôlables par ses réponses, ce qui induit chez lui une passivité face aux événements aversifs qui peuvent advenir ».

D'autres chercheurs[2] ont ensuite complété ces études : ils ont découvert que les sujets résignés se sentaient plus frustrés, agressifs, étaient plus dépressifs et avaient même une pression sanguine plus élevée.

Ces résultats sont très importants car ils mettent en relief l'impact de notre éducation et de nos événements de vie sur nos comportements à l'âge adulte. Si nous avons, dans l'enfance, vécu des expériences traumatisantes sans avoir la possibilité d'agir, nous avons appris la résignation et risquons de nous penser incapables de changer les choses ; nous aurons plus tendance à subir.

Loin de nous l'idée de stresser les parents ! Voici d'ailleurs un petit complément pour mieux contrôler les effets de la résignation apprise.

2. Roth et Kubal (1975), Pittman et Pittman (1979), Maier et Seligman (1976).

Tennen et Eller, chercheurs en psychologie, ont mis en évidence en 1977 que l'impossibilité d'agir n'expliquait pas l'ensemble des résultats. En effet, expliquer aux individus qui essaient de trouver la solution à un problème impossible que la tâche est extrêmement complexe est de nature à inverser les effets de la résignation passive.

Sans dramatiser ou stresser notre progéniture, quand la tâche est ardue, il faut le lui faire savoir pour l'aider à développer sa confiance.

Les pensées et croyances limitantes

Une croyance est une pensée personnelle que nous considérons comme vraie et qui impacte notre façon de percevoir le monde qui nous entoure et les événements que nous vivons.

Nous avons tous de nombreuses croyances, transmises par nos parents, nos enseignants, nos amis, nos collègues, et également issues de nos expériences de vie. Une croyance naît lorsque nous tirons un enseignement général de différents événements ponctuels ; elle peut être positive (par exemple : « Quand je veux vraiment quelque chose, je finis toujours par l'obtenir ») ou négative (par exemple : « Je ne sais pas gérer mes émotions »).

Or, nos croyances influencent très fortement notre perception du monde car notre cerveau est ainsi fait qu'il accorde une attention toute particulière aux événements qui confirment ce que nous croyons ! En effet, la formation réticulée de notre tronc cérébral, qui assure certaines fonctions cognitives, telle l'attention, filtre les *stimuli* que nous captons pour empêcher notre cerveau d'être débordé : seules les informations jugées intéressantes et utiles sont portées à notre conscience.

Si nous reprenons l'exemple d'une personne ayant la croyance « Je ne sais pas gérer mes émotions », elle se focalisera sur les situations dans lesquelles ses émotions la submergent (crises de larmes, de colère, d'angoisse...), sans réaliser que, le reste du temps, elle gère très bien les émotions qui la traversent quotidiennement.

Au final, nos croyances s'avèrent souvent des prophéties auto-réalisatrices, car elles influencent nos attitudes et nos actions de telle façon que la réalité finit par leur correspondre.

Delphine témoigne : une petite fille bien exigeante... envers elle-même !

Lorsque ma fille Elsa était petite, elle avait une fâcheuse tendance à faire la tête à son entourage lorsqu'elle avait commis une petite bêtise, alors même que personne ne lui faisait aucun reproche pour cela. Je me souviens de m'être mise en colère : « Tu exagères, non seulement tu fais une bêtise, mais en plus tu nous fais la tête ! Tu te moques du monde ! »

Heureusement, une amie à qui j'en parlais un jour me fit part de sa propre expérience : lorsqu'elle était enfant et qu'elle commettait une bêtise, elle s'en voulait tellement qu'elle s'auto-punissait en se renfermant sur elle-même.

Cette conversation provoqua un déclic : je réalisais que je grondais ma fille pour ce que je voyais comme un acte dirigé contre moi, alors qu'elle était en train de se punir elle-même ! Comme elle était convaincue que sa bêtise nous décevait, elle adoptait une posture qui m'amenait à me fâcher... renforçant ainsi sa croyance. Suite à cette révélation, j'eus une longue discussion avec Elsa sur le droit à l'erreur. Cela nous permit à toutes les deux de sortir de cette spirale négative.

Heureusement, toutes les croyances ne sont pas négatives.

Lorsque ces croyances sont positives, elles peuvent être extrêmement bénéfiques. Si vous êtes persuadé que vous avez une grande force de conviction, vous aborderez les autres avec confiance et assurance... ce qui vous rendra particulièrement convaincant !

L'effet placebo illustre bien la puissance que peut avoir une croyance positive : dans le cadre de certaines pathologies, on observe parfois une amélioration notable de l'état de santé de patients traités avec des « médicaments » aux propriétés chimiques neutres dès lors qu'ils sont convaincus de suivre un vrai traitement.

Malheureusement, nous avons souvent des croyances négatives, qui viennent alors entraver notre potentiel, car c'est notre système de croyances qui détermine ce que nous estimons possible de faire ou pas. Comme l'écrit Anthony Robbins, coach en motivation particulièrement réputé aux États-Unis : « Que l'on se croie capable ou incapable de quelque chose, on a toujours raison[3]. »

La bonne nouvelle, c'est que, même si nos croyances sont généralement inconscientes, nous pouvons décider de remplacer consciemment des croyances qui nous limitent par des croyances qui nous soutiennent.

Le complexe d'Évelyne

Évelyne a 38 ans. Elle est la dernière d'une fratrie de 5 enfants. Après des problèmes de santé dans l'enfance, elle a toujours été considérée comme celle qu'il fallait protéger dans sa famille, tant et si bien que le sobriquet utilisé pour la nommer était « mon bibelot ». Évelyne s'est persuadée au fil du temps qu'elle était fragile et surtout incapable de s'en sortir seule dans la vie. Cette conviction l'a empêchée de quitter le nid familial de son propre chef. De plus, ses histoires sentimentales se sont toujours avérées compliquées tant Évelyne avait besoin d'être sécurisée avant d'imaginer pouvoir construire une histoire.

Au décès de ses parents, il y a deux ans, Évelyne était tétanisée par la peur, persuadée qu'elle ne saurait pas se gérer en autonomie. Mise devant le fait accompli, elle a dû réagir, a trouvé un logement plus petit que le plain-pied familial. Même si elle estime n'être pas totalement libérée de sa croyance limitante, elle sait qu'elle est capable de beaucoup plus que ce qu'elle imaginait autrefois.

---

3. Anthony Robbins, *Pouvoir illimité*, éditions Robert Laffont, 2015.

Pour vous débarrasser de vos croyances limitantes, il faut donc les remplacer consciemment par des croyances positives. Et pour cela, il faut déjà avoir conscience de vos croyances limitantes.

Prêtez donc une attention particulière à vos pensées et à vos paroles et, dès que vous repérez un jugement (envers autrui ou envers vous-même), posez-vous la question : « Quels sont les faits qui valident cette affirmation ? » Soyez particulièrement attentif aux généralisations, qui reposent sur des mots tels que « jamais », « toujours », « systématiquement »...

Socrate proposait de mettre nos croyances à l'épreuve de la « réalité » à travers trois questions filtres :

- Votre croyance repose-t-elle sur une vérité ? Quelles preuves avez-vous de ce que vous avancez ? Tout le monde pense-t-il la même chose ?
- Votre croyance est-elle bénéfique ? Vous apporte-t-elle des émotions positives (joie, sérénité, confiance...) ?
- Votre croyance est-elle utile ? Vous aide-t-elle à atteindre vos objectifs ?

Si vous répondez par l'affirmative à ces trois questions, conservez précieusement votre croyance ! Dans le cas contraire, remettez-la en cause et cherchez à la remplacer par une croyance qui résistera à l'épreuve du filtre de Socrate.

Une fois que vous aurez identifié vos principales croyances limitantes, attelez-vous à l'exercice suivant.

À vous de jouer : créez vos propres croyances ressources

Choisissez une de vos croyances limitantes et imaginez une affirmation contraire qui soit positive.

Par exemple : « Je ne finis jamais ce que j'entreprends » peut devenir « Je suis capable de mener à bien ce qui est vraiment important pour moi ».

Dès que votre croyance limitante surgit dans votre esprit, remplacez-la consciemment par votre croyance ressource, aussi souvent que nécessaire... et jusqu'à ce que votre formation réticulée prenne le relais pour faire le travail tout(e) seul(e) ☺.

Ne cherchez surtout pas à vous attaquer à toutes vos croyances en même temps : avancez progressivement, en les choisissant les unes après les autres ou *a minima* en les regroupant par thème (votre estime de vous, vos relations sociales, vos capacités intellectuelles...).

Je booste ma confiance en moi !

« Croyez en vos rêves et ils se réaliseront peut-être.
Croyez en vous et ils se réaliseront sûrement. »

Martin Luther King

Je verbalise mes doutes

Lorsque l'on manque de confiance en soi, on a parfois la tentation de masquer ses faiblesses et on gaspille pour cela une énergie considérable.

Pourtant, admettre une faiblesse est souvent le meilleur moyen de reprendre confiance.

Les auteurs témoignent : lors d'un colloque...

Alors que nous étions allées écouter un célèbre conférencier aguerri à l'exercice, nous fûmes toutes deux surprises de voir combien il semblait mal à l'aise lors de sa prise de parole en public.
Se sentant perdre pied, il eut alors l'humilité d'admettre : « Je suis désolé, c'est difficile, j'avoue que je suis très ému... » S'ensuivit un tonnerre d'applaudissements de la part du public, touché par cet aveu. Se sentant soutenu, le conférencier reprit immédiatement confiance et fut éloquent tout le reste de son intervention.

Lorsque vous vous sentez mal à l'aise, verbalisez-le, vous serez surpris de voir le nombre de personnes qui viennent à votre secours sans que cela nuise à votre image !

Attention cependant à ne pas tomber dans l'excès. En effet, verbaliser un inconfort ne revient pas à s'excuser à tout bout de champ (« excuse-moi de te déranger » alors que vous sollicitez un collaborateur, « excusez-moi de vous interrompre » avant de prendre la parole en réunion...). Vous êtes légitime dans votre action, et vos besoins le sont aussi !

J'adopte les *power postures*

Amy Cuddy, enseignante à la Harvard Business School, a été rendue célèbre par sa conférence TED[4] de 2012, qui a été vue sur le Web par plus de 35 millions de personnes. Elle a ensuite publié en 2016 les résultats de ses recherches sur les *power postures* ou *power poses* dans son livre *Montrez-leur qui vous êtes*[5].

Elle y explique notamment que notre langage corporel influe sur la manière dont les autres nous perçoivent. Quand tout va bien, nous envoyons une image de confiance qui nous donne du crédit ; la personne en face va alors nous renvoyer cette image positive de nous-même (effet miroir) et cela renforce encore notre confiance.

Amy Cuddy va plus loin : elle a pratiqué des tests sur ses étudiants en mesurant leur niveau de testostérone (hormone de la domination) et cortisol (hormone du stress) avant et après avoir adopté des *power postures* (voir la rubrique « À vous de jouer » ci-dessous). Elle a constaté que leur niveau de testostérone augmentait, tandis que celui de cortisol baissait.

À vous de jouer : plus fort en 2 minutes !

Tenir une *power posture* pendant seulement deux minutes vous permet de bénéficier des effets bénéfiques sur vos taux d'hormones et de vous rebooster : concrètement, il s'agit d'étirer votre corps, de l'allonger pour occuper l'espace et d'ouvrir votre poitrine.

La *power posture* de Wonder Woman est la plus célèbre : mettez-vous en position, jambes légèrement écartées, mains sur les hanches, poitrine

4. https://www.ted.com/talks/amy_cuddy_your_body_language_shapes_who_you_are?language=fr
5. Amy Cuddy, *Montrez-leur qui vous êtes : modifier votre attitude corporelle pour atteindre vos rêves*, éditions Marabout, 2016.

ouverte… Et ressentez ce qui se passe en vous… Projetez-vous (non, non, pas en avant, vous n'allez pas voler et vous risquez de vous blesser !) : vous êtes Wonder Woman. Tenez la position deux minutes, vous pouvez mettre de la musique. Ça y est, vous avez régulé vos niveaux de testostérone et de cortisol, vous êtes prêt à affronter votre situation stressante !

Vous ne vous sentez pas l'âme d'un superhéros aujourd'hui ? Remplacez cette posture par celle du boss : debout, face à votre bureau, jambes écartées, les deux mains à plat posées sur le bureau, épaules en avant, vous êtes The Boss et vous tenez, là encore, la position deux minutes.

En réunion, difficile de prendre une posture discrètement. Qu'à cela ne tienne, nous avons une solution. Lorsque vous vous ratatinez, vous vous sentez petit et faible ; lorsque vous vous déployez, que vous investissez l'espace, vous êtes plus fort. Alors étendez les bras, les jambes, adoptez une gestuelle ouverte. À tout moment, souvenez-vous de garder le torse ouvert, les épaules vers l'arrière et la tête haute !

Je me reprogramme !

Avez-vous cette petite voix intérieure qui vous susurre que vous n'êtes pas à la hauteur, que vous manquez de telle ou telle qualité, bref, qui vous fait douter de vous ? Cette petite voix, c'est vous qui l'avez programmée et nous vous proposons quelques astuces pour la reprogrammer.

À vous de jouer : je crée mon mantra

Pensez à une qualité que vous souhaiteriez vraiment cultiver chez vous.

Pour vous aider, voici quelques exemples :

Zen **Organisé** *Méthodique*
Énergique Extraverti Ordonné **Intelligent**
Généreux **Formidable** Réactif Patient
Persévérant Tenace *Calme* Optimiste
Créatif Posé Éloquent *Imaginatif*
Souriant **Captivant**

Écrivez maintenant votre mantra en respectant la structure suivante :
Je suis + un superlatif de votre choix (super, méga, très, extrêmement, hyper...) + la qualité que vous venez de choisir.

Prononcez cette phrase plusieurs fois avec conviction, puis recopiez-la sur un joli support que vous disposerez dans un endroit bien visible (par exemple sur votre frigo), pour vous la répéter régulièrement.

Ne vous fiez pas à l'apparente simplicité de cet exercice : vous serez surpris de constater son efficacité.

Parfois, vous appréhendez juste votre journée à coups de « ça va mal se passer, j'ai trop de choses à faire », « je ne vais pas y arriver »... Vous pouvez alors choisir de vous reprogrammer grâce aux autosuggestions positives.

À vous de jouer : j'utilise l'autosuggestion

L'autosuggestion est un outil puissant, car le cerveau se conforme à nos prédictions. Ainsi, en lui envoyant des messages positifs, nous le conditionnons pour retrouver une posture constructive et réussir ce que nous avons à entreprendre. Pour débuter, le plus simple est de prendre quelques minutes pour vous laisser guider en écoutant des enregistrements.

Que vous soyez convaincu ou que vous ayez quelques doutes, nous vous invitons à faire le test sans tarder avec une vidéo Youtube.

Enfin, lorsque c'est une situation bien précise que vous appréhendez, comme prendre la parole en public, l'exercice suivant est fait pour vous.

À vous de jouer : je teste l'ancrage sensoriel

L'idée est ici d'associer un geste (joindre l'index et le pouce par exemple) ou un objet (petit caillou) à une situation dans laquelle vous vous sentez extrêmement bien, en sécurité, serein.

Chaque fois que vous vivez ce moment ou y pensez, vous tenez votre objet dans vos mains ou vous accomplissez votre geste.

L'idée est ici de créer un réflexe et d'associer le sentiment de plénitude à l'objet ou au geste pour, ensuite, pouvoir faire surgir le sentiment de plénitude par le sens du toucher.

De fait, dès lors que vous vous sentirez en mauvaise posture, toucher l'objet ou faire le geste vous apportera la sérénité dont vous avez besoin.

Je fais la sourde oreille aux mauvaises langues

L'enfer est pavé de bonnes intentions : certaines personnes voudront peut-être vous mettre en garde sur les risques de passer à l'action, dans votre propre intérêt penseront-elles… Ces mises en garde n'auront souvent pas l'effet escompté, elles constituent même parfois le dernier rempart à franchir pour pouvoir passer à l'action.

La bave du crapaud n'atteint pas la verte grenouille

Il était une fois une bande de grenouilles qui s'étaient lancé un défi : celle qui serait la première à escalader une haute tour glissante aurait gagné.

Dès que la nouvelle se répandit, toutes les grenouilles du village se rassemblèrent pour les voir et les encourager.

Mais très vite, devant la difficulté de la tâche, les villageoises se mirent à commenter : « Inutile, c'est trop difficile », « Elles n'y arriveront jamais, c'est impossible. »

Au bout de quelques minutes, les petites grenouilles se découragèrent et abandonnèrent les unes après les autres.

Une seule continuait et les commentaires reprirent de plus belle : « Vraiment pas la peine, on n'a jamais vu pareille sottise, les grenouilles sautent mais ne grimpent pas ! »

La dernière concurrente continuait sans relâche à grimper quand bien même les autres lui criaient d'arrêter et se moquaient d'elle : « Ne sois pas stupide, redescends ! »

> Après un effort incommensurable, elle parvint au sommet de la tour. Devant un tel exploit, toutes se précipitèrent autour d'elle pour savoir comment elle avait fait.
> Ils découvrirent que la gagnante était sourde et qu'elle n'avait cessé de penser que les grenouilles étaient en train de l'encourager !

Donc, lorsque vous aurez décidé de passer à l'action, restez sourd aux pensées paralysantes et propos négatifs des autres, n'entendez que les encouragements ! Nous reviendrons sur ce sujet dans le chapitre 9.

L'essentiel de ce chapitre

- **La confiance en soi est importante pour oser agir car, lorsque l'on doute, on trouve plus rassurant de rester dans l'immobilisme.**
- **Votre confiance en vous s'est bâtie au gré de votre histoire, en particulier dans votre enfance. Il est possible qu'elle soit entravée par des croyances limitantes.**
- **Pour booster votre confiance en vous, vous pouvez apprendre à remplacer vos croyantes limitantes par des croyances positives et vous appuyer sur des bases simples : verbaliser vos doutes, utiliser l'autosuggestion, adopter *des power postures...* et fuir les influences négatives !**

CHAPITRE 4
Je m'attends au meilleur !

« Le destin n'est pas une question de chance, c'est une question de choix. »

William Jennings Bryan[1]

Toute personne persuadée qu'elle est née sous une mauvaise étoile, qu'elle est habitée par le mauvais œil ou qu'elle a la scoumoune considérera qu'il est inutile d'entreprendre quoi que ce soit puisque le manque de chance la fera probablement échouer.

Mais qu'est-ce que la chance ? Est-on chanceux par nature ou peut-on le devenir ? Ce chapitre vous montre que vous avez toutes les cartes en main pour cultiver votre chance.

J'ai de la chance ou j'aide la chance ?

Y a-t-il des chanceux par nature ?

Richard Wiseman[2], professeur de psychologie expérimentale à l'université du Hertfordshire, a conduit une série d'expériences pour identifier les déterminants de la chance (la chance constitue-t-elle un don paranormal ou peut-elle être provoquée par n'importe qui ?).

Dans la première expérience, il a lancé un appel à la radio pour recruter des volontaires pour une expérience sur la chance. Pour répartir les candidats en 3 groupes (chanceux, malchanceux, neutres), il les a fait répondre à plusieurs questionnaires.

Les candidats des 3 groupes ont ensuite rempli des grilles de loto de 6 numéros. Sur les 700 candidats, on n'observe aucune différence notable

1. William Jennings Bryan (1860-1925), avocat américain, trois fois candidat à l'élection présidentielle.
2. Richard Wiseman, *Comment mettre la chance de vote côté !,* InterÉditions, 2012.

dans les gains obtenus : en moyenne, chaque personne, chanceuse ou pas, avait trouvé un chiffre par billet de loto et perdu 2,50 livres.

Cette expérience indique que la chance n'est pas un don, les personnes qui s'estiment chanceuses ne le sont pas plus que les autres. Pourtant, il y a des personnes auxquelles il arrive plus de bonnes choses dans la vie (rencontres fructueuses, événements favorables...). Pour quelles raisons ?

Le professeur Wiseman a mené une seconde expérience afin de pouvoir déterminer certains traits de caractère des personnes qui se déclarent chanceuses et auxquelles la vie sourit davantage.

Pour cela, il a fait paraître dans le journal une première annonce pour recruter des personnes se considérant comme chanceuses puis, quelque temps après, une autre pour que des malchanceux candidatent eux aussi pour participer à l'étude. Il a réalisé des entretiens filmés qu'il a ensuite fait visionner à des psychologues, sans le son. Voici ce qui en est ressorti :

- Les chanceux souriaient deux fois plus que les malchanceux et cherchaient beaucoup plus souvent l'interlocuteur du regard.
- Les malchanceux avaient un langage corporel globalement fermé, à l'inverse des chanceux (nous vous renvoyons ici au paragraphe sur les *power postures* d'Amy Cuddy, page 39). De fait, les chanceux donnent d'eux une image plus gaie, dynamique, et ils donnent plus envie d'engager la conversation.

La chance, une qualité à cultiver !

Dans les conférences que nous donnons, nous posons souvent à l'assemblée ces questions : « qui pense avoir de la chance ? » et « qui pense ne pas en avoir ? »

Une fois que les participants se sont prononcés, nous leur annonçons qu'ils ont tous raison ! En effet, que vous vous pensiez chanceux ou malchanceux, vous êtes dans le vrai puisque la chance est une posture : comme le disait l'auteur Tennessee Williams : « La chance, c'est croire qu'on est chanceux. »

Avoir de la chance est une qualité qu'ont développée ceux qui ont réussi. Par exemple, Napoléon s'estimait chanceux et veillait à ce que la fortune continue à lui sourire. Ainsi, alors qu'on lui vantait un jour les mérites d'un officier à promouvoir, il rétorqua : « Fort bien, mais a-t-il de la chance ? »

Quant à Talleyrand, il est connu pour ses bons mots et sa répartie acerbe. L'anecdote suivante lui est attribuée.

Talleyrand

Un aristocrate était parvenu à se faire nommer diplomate. Il tenait à remercier monsieur de Talleyrand et lui expliqua combien il lui était reconnaissant, tant il n'avait pas l'habitude d'obtenir ce qu'il désirait : il était totalement dépourvu de chance.

À ces mots, Talleyrand lui rétorqua : « Ah monsieur, que me dites-vous là ? Vous n'avez pas de chance ? Alors tant pis, il n'y a donc rien de fait. Car en politique voyez-vous, il faut être heureux, et donc avoir de la chance. Voudriez-vous que je tente la mienne avec un malchanceux, et celle des intérêts de la France par la même occasion ? Non décidément, il m'est impossible de confier un poste pareil à quelqu'un qui n'a pas de chance. Adieu Monsieur, je m'en voudrais de faire mentir votre infortune ! »

La posture du chanceux est celle de l'optimiste

Croire en sa chance, c'est tout simplement s'attendre au meilleur, adopter une posture optimiste.

Martin Seligman[3] a défini la posture de l'optimiste selon trois critères :

1. Interne/externe : l'optimiste (ou le chanceux) s'attribue le mérite d'un événement qui lui est favorable (facteur *interne*), tandis qu'il est convaincu qu'un revers de fortune est dû à une cause exogène (facteur

3. Chercheur en psychologie et professeur à l'université de Pennsylvanie. Il a publié plus de 200 articles dans des revues scientifiques. Il est nommé président de l'American Psychological Association en 1998 et lance la même année un nouveau champ : la psychologie positive.

externe). À l'inverse, un malchanceux aura l'impression que les coups durs lui sont imputables et que les bonnes choses ne le sont pas.
Vous gagnez à un jeu de société en famille : vous félicitez-vous de votre audace et de votre chance ou vous dites-vous que les autres ont vraiment mal joué ?

2. Permanent/temporaire : l'optimiste a tendance à penser que les effets d'un événement positif seront *permanents* alors que ceux d'un événement difficile seront *temporaires*.
A contrario : pour un pessimiste, la déveine est permanente et les coups de bol sont temporaires.

3. Général/spécifique : l'optimiste pense que les effets d'un événement positif vont s'étendre à d'autres domaines de sa vie (*général*) et qu'un événement négatif est circonscrit au domaine dans lequel il s'est produit (*spécifique*).
C'est tout l'inverse pour un malchanceux : lorsqu'il lui arrive un coup du sort, il ancre en lui qu'il n'a vraiment pas de chance quel que soit le domaine de sa vie et lorsqu'il lui arrive une bonne chose, il la classe dans les situations exceptionnelles.

L'optimiste remarque mieux les opportunités et saisit donc mieux sa chance !

Barbara L. Fredrickson[4] a élaboré la théorie de l'élargissement et de la construction des émotions positives : le fait de ressentir des émotions positives (gratitude, joie, espoir, sérénité, amour, fierté...) nous permet d'élargir le spectre de solutions ou possibilités que nous envisageons d'habitude. Nous entrevoyons alors plus d'opportunités, sommes plus créatifs et plus ouverts à la nouveauté. C'est ainsi que nous aidons la chance, ou plutôt que nous provoquons notre chance.

Cet « effet d'élargissement » est également très perceptible d'un point de vue biologique : Shawn Achor[5] a constaté que les sujets exposés aux émotions positives sécrètent de la dopamine et de la sérotonine en plus grande quantité, ce qui leur permet notamment d'avoir des capacités

4. Barbara L. Fredrickson est docteure en psychologie, professeure de psychologie et neuroscience à l'université de Caroline du Nord où elle dirige le laboratoire Émotions positives et Psychologie.
5. Docteur en psychologie et professeur, auteur de *Comment devenir un optimiste contagieux ?*, éditons Pocket, 2015.

intellectuelles augmentées : amélioration des facultés d'apprentissage, de classement et stockage de nouvelles données, mais aussi meilleure aptitude à l'analyse complexe et à la résolution de problèmes.

Enfin, l'« effet d'élargissement » se constate également physiquement, comme le démontre une étude de l'université de Toronto[6]. On a provoqué des émotions positives ou négatives chez des personnes auxquelles on a ensuite demandé de regarder une série de tableaux : ceux qui étaient d'humeur positive ont vu beaucoup plus d'éléments (importants ou de détails) que ceux qui étaient de mauvaise humeur. Les émotions positives ont élargi, au sens premier du terme, leur vision périphérique.

Je cultive la chance

Vous trouverez ci-après quelques exercices pour vous faire prendre conscience des événements favorables qui vous arrivent, vous rendre plus optimiste et donc plus chanceux ! En vous entraînant à repérer les bonnes choses de votre vie, vous créerez des automatismes qui vous permettront ensuite de les repérer automatiquement au quotidien et d'être en mesure de saisir votre chance.

Je repère trois bonnes choses par jour

En 2005, les expériences[7] menées par Martin Seligman, Tracy A. Steen, Nansook Park et Christopher Peterson ont mis en relief les effets bénéfiques de la consignation par écrit de trois bonnes choses que vous avez vécues dans votre journée et de la manière dont vous y avez contribué.

En vous forçant à repérer et écrire trois bonnes choses par jour :

- vous ressentez une nouvelle fois les émotions positives qui vous ont traversé au cours de votre journée ;
- vous vous focalisez sur les bonnes choses de la vie plutôt que sur ses « manques » ;
- vous entraînez votre cerveau à repérer les bonnes choses et créez des automatismes pour cultiver votre optimisme et aider votre chance ;

6. Étude relatée dans le livre *Comment devenir un optimiste contagieux ?, op. cit.*
7. M. Seligman, T. A. Steen, N. Park et C. Peterson, 2005, « Positive psychology progress, empirical validation of interventions », in *American Psychologist*.

- vous renforcez la mémorisation de ces émotions positives par la formalisation ;
- vous prenez conscience du rôle que vous avez joué et de votre capacité à générer des bonnes choses et créer des opportunités.

Particulièrement simple et accessible, cet exercice peut être réalisé n'importe où et en peu de temps : nous vous encourageons à le pratiquer quotidiennement pendant une semaine ou une fois par semaine pendant 6 semaines, puis quand le besoin s'en fait sentir. Ensuite, vous repérerez naturellement les bonnes choses sans vous imposer de le faire !

À vous de jouer : mes moments positifs

Chaque soir, au moment du coucher, remémorez-vous votre journée et identifiez trois bons moments que vous avez vécus. Que votre journée ait été extraordinaire ou affligeante, vous serez surpris de constater que de bonnes choses sont venues la ponctuer.

Prenez de quoi noter et consignez ces bons moments en y ajoutant le rôle que vous avez joué pour qu'ils puissent avoir lieu. Cela peut être très simple : vous avez apprécié le soleil qui vous chauffait la peau ce matin ? Vous avez joué un rôle important dans ce bon moment car vous avez su repérer et apprécier la caresse du soleil !

Je suis reconnaissant et fais preuve de gratitude

Robert Emmons[8] a été le premier à prouver scientifiquement combien la pratique de la gratitude apporte de bienfaits : en 2003, il a mené, avec Michael McCullough, une étude[9] pour mesurer les effets psychologiques et physiques de la gratitude. Pour mener à bien cette étude, il a réparti ses étudiants en trois groupes : les membres du premier groupe devaient noter chaque semaine pendant dix semaines cinq choses qui avaient eu lieu la semaine précédente et pour lesquelles ils avaient des raisons de se

---

8. Robert A. Emmons est docteur en psychologie et professeur à l'UCLA et Berkeley. Il est reconnu comme l'expert mondial de la gratitude. Il est l'auteur de *La gratitude* parue en 2018 aux éditions Belfond.
9. « Counting blessings versus burdens » publiée en 2003 dans *The Journal of Personality and Social Psychology*.

montrer reconnaissants. Le deuxième groupe relevait cinq tracas, tandis que le troisième relatait cinq événements, qu'ils soient positifs ou négatifs.

À l'issue des dix semaines, seuls les étudiants qui s'étaient concentrés sur la gratitude se sentaient plus heureux et plus confiants en l'avenir… à hauteur de 25 % !

En effet, être reconnaissant envers quelqu'un pour quelque chose qu'il a fait pour vous et formuler des remerciements permet de :

- repérer une bonne chose qui est une raison de vous réjouir ;
- vous sentir digne d'amour, ou tout du moins d'être justement estimé : si on a fait cela pour vous, c'est que vous le valez bien ! ;
- envoyer à votre interlocuteur une dose d'émotions positives et peut-être bénéficier d'un effet boomerang immédiat ;
- être plus apprécié de vos proches, collègues… à qui vous adressez des remerciements régulièrement.

À vous de jouer : mes remerciements

Chaque semaine, comptez le nombre de remerciements sincères (et étayés bien sûr !) que vous adressez à autrui.

En fin de semaine, faites les comptes : vous en avez moins de cinq ? Cherchez dans le passé un « merci » que vous avez oublié d'adresser et agissez *a posteriori* : votre interlocuteur sera enchanté de recevoir ce témoignage de gratitude inattendu. Résultat garanti !

Au-delà de la reconnaissance envers autrui, nous avons mille raisons d'être reconnaissant de notre bonne fortune (par exemple, vivre dans un pays en paix, avoir un toit au-dessus de notre tête, manger à notre faim, être en bonne santé…). Vous obtiendrez des effets bénéfiques en verbalisant cette reconnaissance.

À vous de jouer : mes reconnaissances

Cet exercice est une variante du précédent, qui se révèle tout aussi efficace.

Chaque semaine, réfléchissez aux 5 raisons que vous avez d'être reconnaissant envers la vie pour ce qu'elle vous apporte. Bien évidemment, chaque semaine, il vous faudra trouver de nouvelles raisons de vous réjouir !

Nous vous conseillons, si vous le pouvez, de pratiquer cet exercice en famille et de vous réjouir ensemble. Une seule règle pour cela : ne pas couper la parole à qui que ce soit et ne pas juger ni commenter la gratitude de votre cercle.

Ces exercices sur la gratitude sont d'excellents moyens de cultiver la chance en identifiant les bonnes choses et les opportunités qui s'offrent à vous. En arrêtant de vous focaliser sur vos infortunes, vous vous ouvrirez à la chance.

Il ne fait aucun doute qu'après ce chapitre, vous ne direz pas « j'ai de la chance » mais « j'aide la chance ».

Pour approfondir le sujet...

Nous vous conseillons vivement de lire notre ouvrage *Cultiver l'optimisme*[10]. Ce livre est un guide documenté, illustré et outillé qui vous permettra, par des exercices adaptés, de cultiver une posture optimiste et de vous mettre, étape par étape, sur la voie d'une vie marquée par la chance et plus épanouie.

En conclusion, s'il nous est parfois difficile de prendre du recul face à une infortune, nous vous incitons à garder à l'esprit que derrière celle-ci se

10. Aurélie Pennel et Delphine Luginbuhl, *Cultiver l'optimisme*, éditions Eyrolles, 2018.

cache souvent une opportunité. Ressasser nos émotions négatives est le meilleur moyen de passer à côté ! Garder une posture constructive, y compris quand tout n'est pas rose, chercher à voir le bon côté des choses, vous permettra bien souvent de rebondir.

À vous de jouer

Rappelez-vous la dernière fois que vous avez changé radicalement de point de vue sur un événement initialement perçu comme négatif : rupture, réorganisation au travail, déménagement... Vous constaterez qu'il vous arrive souvent de vous exclamer « finalement, heureusement que... ! ».

L'essentiel de ce chapitre

- La chance est avant tout une question de posture : si vous estimez que vous êtes chanceux, vous agirez en conséquence et la vie vous donnera raison.
- Pour cultiver votre chance, vous pouvez entraîner votre cerveau à repérer tout ce qui vous arrive de positif, en pratiquant régulièrement quelques exercices, tels que repérer trois bonnes choses par jour et exprimer votre gratitude envers autrui et envers la vie.

CONCLUSION

À l'issue de cette première partie, nous espérons vous avoir convaincu de l'intérêt que vous aviez à travailler sur vous-même pour moins hésiter ! Le chemin pour arriver à vos fins n'est cependant pas un long fleuve tranquille.

Quels que soient les contextes dans lesquels vous hésitez (cela peut être une habitude chronique ou, au contraire, lié à un projet précis), le changement que vous souhaitez opérer nécessite de pouvoir vous appuyer sur des bases saines et stables.

Nous n'avons bien évidemment pas tous les mêmes peurs, ni les mêmes raisons d'hésiter, et nous n'abordons pas tous de la même façon le chemin du changement. Cependant, quel que soit votre point de départ, il va falloir vous préparer au changement. Pour cela, nous vous proposons, dans la deuxième partie de ce livre, des outils concrets pour lever les derniers remparts qui pourraient vous empêcher de passer à l'action !

PARTIE 2

Je me prépare à passer à l'action

CHAPITRE 5
La route difficile du changement

« Il n'est jamais trop tard pour devenir ce qu'on aurait pu être. »

George Eliot

Bien souvent, nous restons bloqués dans un processus d'hésitation car, même si la situation dans laquelle nous nous trouvons ne nous convient pas totalement, nous n'osons pas amorcer un changement.

Dans ce chapitre, nous allons voir comment nous aventurer sur cette route parfois sinueuse.

To change or not to change ?

Il existe une contradiction manifeste entre notre désir de changer et le confort du *statu quo*, entre notre capacité d'adaptation et la façon dont nous résistons au changement. Nous sommes en effet très attachés à nos habitudes, même si elles ne nous satisfont pas totalement. Or le changement est parfois nécessaire à l'épanouissement et à la découverte de nouveaux horizons personnels, comme le soulignait André Gide avec cette métaphore : « L'homme ne peut découvrir de nouveaux océans tant qu'il n'a pas le courage de perdre de vue la côte. »

« On sait ce que l'on perd... »

Viviane a 49 ans, elle est malheureuse dans son couple, se sent mal aimée, devenue transparente aux yeux de tous. Les enfants sont grands et ont quitté la maison, elle occupe un emploi qui lui permet de vivre sereinement. Pour autant, elle

ne parvient pas à se résoudre à quitter son époux. « On ne sait jamais », se dit-elle.
Patrick, quant à lui, est au bord du bore-out[1]. Il s'ennuie et ne supporte plus son travail. La situation dégénère depuis deux ans et pourtant Patrick ne se sent pas la force de prendre le taureau par les cornes.
Sabine, dentiste conseil salariée de la Sécurité sociale, rêve d'ouvrir son cabinet mais ne passe pas à l'acte. Si elle reconnaît bien volontiers que les raisons qu'elle évoque pour demeurer dans la présente situation pourraient être surmontées, elle a encore trop peur d'y perdre pour se lancer.

« On sait ce que l'on perd, mais on ne sait pas ce que l'on gagne. » Certes ! Mais le risque ne vaut-il pas la peine d'être couru, avons-nous parfois envie de rétorquer. En effet, retranchés derrière cette expression populaire, nombre d'entre nous choisissent l'immobilisme, aussi inconfortable soit-il.

Parce que nous avons peur, comme nous l'analyserons dans le chapitre 6. Et aussi parce que changer, c'est faire le deuil, souvent difficile, d'une situation existante.

Je fais mon deuil

Médecin psychiatre experte dans l'accompagnement des personnes en fin de vie, le Dr Elisabeth Kübler-Ross[2] a modélisé en 1969 les étapes par lesquelles un individu passe au cours d'un deuil. En 2014, avec l'appui de David Kessler[3], elle a complété ses travaux et identifié les cinq phases du

1. Expression nouvelle utilisée pour décrire l'ennui profond au travail et le désintérêt. Le bore-out peut mener à la dépression.
2. Elisabeth Kübler-Ross, *On Death and Dying*, Macmillan, 1969.
3. Elisabeth Kübler-Ross et David Kessler, *Sur le chagrin et sur le deuil : trouver un sens à sa peine à travers les cinq étapes du deuil*, éditions Lattes, 2009.

deuil qui s'appliquent aussi bien au décès d'un être cher qu'à la perte d'un emploi, de revenu, de l'espoir de guérir ou d'avoir un enfant…

La courbe du changement

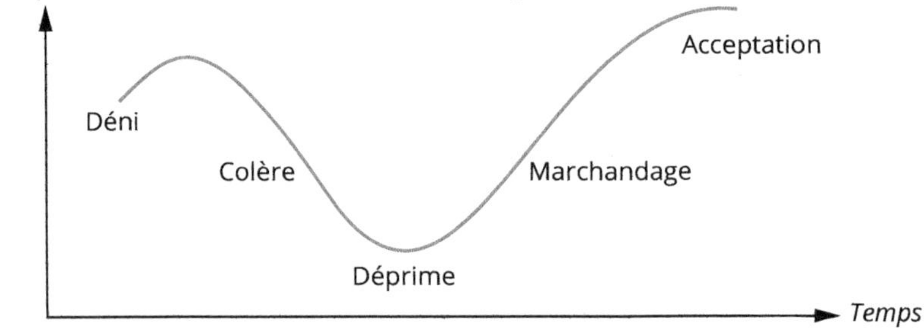

Le deuil représente donc le cheminement d'une personne exposée à la perte jusqu'à ce qu'elle réapprenne à vivre en l'absence de ce à quoi elle tenait.

Bien évidemment, tout le monde ne passe pas nécessairement par toutes les étapes, ni forcément dans cet ordre.

Mais lorsque nous souhaitons quitter de notre propre chef une situation stable, il est parfois nécessaire de passer par ces étapes. C'est ce que nous raconte Sabine, notre dentiste :

1. La première phase est celle du déni : « Pendant plusieurs années, je me suis convaincue que la situation me convenait : j'avais un salaire garanti, des collègues sympathiques, des horaires fixes qui me permettaient d'être disponible pour mes enfants. »
2. La seconde étape est celle de la colère : « L'année dernière, j'ai réalisé que je souffrais de ne pas avoir de patients attitrés dans la durée. J'ai alors essayé de convaincre mon chef de mettre en œuvre quelques aménagements pour améliorer cela. Il n'a pas du tout pris en compte mes propositions… Très vite, j'ai nourri un fort ressentiment à son égard, j'étais très en colère. »
3. La dépression est le moment où la personne se résigne, elle ne voit plus l'intérêt de réagir et se laisse abattre : « Je me sentais démunie, coincée dans cet emploi qui ne me permettait plus de m'épanouir. J'en étais arrivée à m'isoler pour pleurer en cachette. »

4. Arrive ensuite l'étape du marchandage, au cours de laquelle la personne essaie de s'accrocher à la situation initiale : « Je réfléchissais en continu, je ressassais pour essayer de concilier ma situation et mes aspirations. Je faisais régulièrement des formations... ».
5. Enfin, l'acceptation permet d'aborder la situation avec sérénité : « Aujourd'hui, je sais que mon épanouissement professionnel passe par un suivi régulier et sur le long terme de mes patients. Je commence les démarches pour m'installer à mon compte. »

Le cheminement vers l'acceptation est parfois long, que le changement soit imposé ou pas. En connaître les étapes vous aidera à avancer.

À vous de jouer : je reviens aux sources

Si le changement vous paralyse et que vous cherchez toutes les « bonnes excuses » pour éviter de vous y frotter, faites en sorte de vous rappeler régulièrement les raisons qui vous poussent à vouloir changer.

Pour cela, consignez ces raisons dans un carnet et prenez ensuite le temps d'y retranscrire toutes les bonnes choses que le changement pourrait vous apporter.

Conservez précieusement ces notes et ressortez-les dès que le doute vous assaille.

Quand changer est une question de survie...

La fable de la grenouille est une expérience fictive au cours de laquelle les scientifiques auraient observé le phénomène suivant : une grenouille placée subitement dans l'eau bouillante s'échappe d'un bond, alors qu'une grenouille placée dans un récipient contenant de l'eau tiède progressivement portée à ébullition reste sans réaction, inconsciente du danger grandissant, jusqu'à la mort.

Cette fable vise à mettre en garde contre l'immobilisme face à une situation grave. Elle a notamment été reprise par Al Gore en 2006 dans le documentaire *Une vérité qui dérange*[4] pour illustrer l'immobilisme de la société face au réchauffement climatique.

Quel que soit le changement que vous souhaitez réaliser, votre cheminement passe par différentes étapes, que vous franchirez d'autant plus aisément que vous saurez vous rappeler aux moments opportuns les bonnes raisons qui vous motivent à évoluer.

Car ce qui est clair, c'est que vous êtes libre de vos choix ! Libre de continuer à hésiter et à renoncer, libre aussi de trouver des solutions pour que cela cesse. Si vous tenez ce livre entre vos mains, c'est que vous avez décidé de passer à l'action. Bravo !

L'essentiel de ce chapitre

- **Généralement très attachés à nos habitudes, il ne nous est pas facile d'amorcer un changement.**
- **Pour passer de l'hésitation à l'action, différentes étapes seront à franchir.**
- **Prendre conscience de ces différentes étapes vous permettra d'avancer vers votre objectif.**

4. Documentaire de Davis Guggenheim sorti en 2006 et distribué par United International Pictures.

CHAPITRE 6
Je surmonte mes peurs

« La peur, c'est l'enfant en nous qui panique. »
Tahar Ben Jelloun, *L'auberge des pauvres*

La peur n'évite certainement pas le danger, mais elle freine beaucoup l'audace !

Combien d'entre nous n'ont pas obtenu d'augmentation par crainte de la réclamer ? Ou ont renoncé à exprimer une opinion pourtant pertinente par peur de bafouiller ? Avez-vous déjà eu terriblement peur d'échouer, voire de réussir ?

Nous pouvons continuer longtemps à énumérer des peurs car nous en avons tous, parfois même inavouées.

Si la peur est nécessaire car elle permet de se prémunir de risques inutiles, elle est aussi un puissant inhibiteur de l'action et il faut pouvoir la surmonter.

Pour apprivoiser la peur, la première étape est de l'accepter et d'identifier clairement ses origines. C'est ce que nous vous proposons dans ce chapitre à travers l'analyse des deux peurs les plus courantes qui inhibent l'action et nous sclérosent dans l'hésitation.

La peur de l'échec

Un proverbe bien connu nous dit : « Il n'y a que ceux qui ne font rien qui ne se trompent jamais. » Oser agir, c'est prendre le risque d'échouer… ce qui ne serait pas bien grave si la peur de l'échec n'était pas aussi répandue chez bon nombre d'entre nous.

Quand la peur de l'échec mène inexorablement à l'échec

Caroline est orthophoniste et reçoit en consultation un jeune homme en échec scolaire. Elle réalise rapidement que c'est la peur d'échouer qui le pousse à l'inaction : ne s'octroyant pas le droit à l'erreur, il est complètement paralysé dans certaines situations de vie. Ainsi, par exemple, ne révise-t-il pas ses examens : s'il travaillait et avait malgré tout de mauvaises notes, cela serait catastrophique pour l'estime qu'il a de lui-même.

Caroline l'aide donc à accepter qu'il n'est pas parfait et peut courir le risque d'échouer sans que cela ait des répercussions sur sa valeur en tant que personne.

Cette peur de l'échec peut avoir des causes multiples, à commencer par celles que nous avons vues dans la première partie de ce livre : dès notre petite enfance, le système scolaire valorise la réussite au détriment de l'audace, et ce phénomène se perpétue trop souvent dans le milieu professionnel.

La peur de l'échec peut être particulièrement ancrée en nous si certains événements de notre passé sont venus la renforcer. Par exemple, si nous avons été élevés par des parents très critiques, toujours prompts à souligner ce que nous faisions mal (sans même parler des cas extrêmes de parents faisant subir à leurs enfants des humiliations répétitives). Ou si nous avons réalisé une prestation qui a mal tourné devant une grande assemblée, ou encore si nous avons échoué à un examen pour lequel nous étions très investis.

La peur de l'échec provient alors du sentiment que nous nous trouverons lamentable si nous ratons ce que nous entreprenons.

Ainsi, la notion d'échec peut être très subjective et nous ne percevons pas tous l'échec de la même façon.

Delphine témoigne : une question complexe

Je me souviens d'une question qui m'a beaucoup déstabilisée lors d'un entretien : le recruteur m'a demandé de lui parler d'un de mes échecs professionnels. Plusieurs idées se sont alors bousculées dans ma tête : des missions qui n'avaient pas atteint l'objectif souhaité, des relations compliquées avec des collaborateurs que je n'avais pas réussi à assainir totalement... Mais aucune ne me semblait correspondre à cette notion d'échec, car chaque situation m'avait appris quelque chose. Le recruteur a eu l'air surpris devant ma difficulté à lui répondre et ce n'est que des années plus tard que j'ai compris que nous ne donnions tout simplement pas le même sens au mot « échec ».

Quel que soit notre système de valeurs, il nous arrivera à tous d'échouer dans la vie, même si nous prenons toutes les précautions possibles pour l'éviter. Ce qui ne tient qu'à nous, en revanche, c'est la façon dont nous percevons ces échecs et dont nous y réagissons : nous pouvons choisir de les prendre comme une fin abrupte, ou comme une opportunité d'apprendre et de faire mieux la prochaine fois.

En effet, l'échec est une formidable opportunité de nous remettre en question et donc de développer de nouvelles capacités. Tant que nous réussissons, nous n'avons pas de raison de changer notre manière de faire et nous pouvons rester sur nos acquis. Face à l'échec, si nous n'abandonnons pas et tirons des enseignements de nos erreurs, nous pouvons développer de nouvelles qualités et nous découvrir de nouvelles forces.

Échouer n'est jamais facile ni plaisant. Mais laisser la peur de l'échec nous paralyser, c'est accepter de renoncer face à des barrières mentales dont nous sommes les seuls responsables. Gardons alors en tête les sages paroles de Franklin Roosevelt : « Il est dur d'échouer ; mais il est pire de n'avoir jamais tenté de réussir. »

À vous de jouer : imaginez le scénario du pire

Si la peur d'échouer vous empêche d'agir dans une situation donnée, prenez le temps d'imaginer ce qui pourrait vous arriver de pire en cas d'échec.

Laissez libre cours à votre imagination et n'essayez pas de vous rassurer. Au contraire ! Dès que vous avez bien visualisé une conséquence désagréable, posez-vous la question : et si ça empirait encore ?

Une fois que vous avez épuisé votre imagination, analysez le résultat : quelle est la probabilité que ce scénario du pire advienne ? S'il advient, est-ce vraiment catastrophique ? Suis-je prêt à prendre ce risque ? Sinon, que puis-je faire pour limiter le risque à un niveau qui soit acceptable pour moi ?

Il est possible que cet exercice vous dissuade de passer à l'action… Dans ce cas, il est sans doute sage de vous abstenir. Mais vous verrez que, dans de nombreuses situations, le scénario du pire n'est pas si effrayant que ça.

Si vous ne parvenez pas à surmonter votre peur de l'échec, peut-être vous êtes-vous fixé un objectif trop ambitieux pour démarrer, comme un randonneur qui resterait tétanisé en bas d'une montagne qui lui semble trop haute pour lui. Dans ce cas, demandez-vous quel serait le premier petit pas qui vous permettrait d'avancer dans la direction que vous souhaitez, sans vous mettre de pression sur l'objectif final. Fixez-vous alors ce premier objectif et mettez-vous en mouvement. Cette première réussite vous permettra de renforcer votre confiance en vous et d'avancer dans la bonne direction, sans vous laisser submerger par l'ampleur de la tâche globale. Et, bien sûr, vous pourrez déterminer ensuite un prochain petit pas, puis un autre…, comme nous le verrons dans la troisième partie de cet ouvrage.

La peur du jugement

Bien qu'elle diminue souvent avec l'âge, la peur du jugement existe chez quasiment tout le monde… Et heureusement, car elle a une grande utilité sociale. Imaginez une personne qui ne se préoccupe aucunement de l'avis des autres et ne respecte pas les codes de vie en société : certes, cela lui procure une grande liberté d'action, mais il est probable qu'elle accomplisse des actes aux conséquences désastreuses, y compris pour elle.

Nous vivons au milieu des autres et ceux qui nous entourent sont libres de leurs pensées à notre égard. Vouloir plaire à tout le monde, à tout prix, est un objectif inatteignable, qui ne peut que nous rendre malheureux.

Tout comme la peur de l'échec, la peur du jugement est parfois ancrée en nous de manière très profonde.

Lorsque l'on creuse la question de la peur du jugement, on identifie couramment deux craintes sous-jacentes : celle de ne plus être aimé et celle d'être tourné en ridicule.

La peur de déplaire ou de ne plus être aimé

Être audacieux signifie s'affirmer, se mettre en danger, parfois dans la lumière, sous le feu des projecteurs. En s'exposant ainsi, on prend le risque de décevoir certaines personnes dont l'avis est important pour nous, ou tout simplement de déplaire.

Si la peur du jugement et du désamour naît de la confrontation à l'autre, il est certain qu'elle croît dans la solitude et l'isolement.

Une manière de combattre cette peur est donc de la verbaliser auprès de proches ou de personnes bienveillantes.

Parler pour exorciser

Margaux est en classe préparatoire aux écoles d'ingénieur. À la veille de ses concours, elle est prise de panique tant elle a peur d'échouer, mais surtout de décevoir sa mère. Incapable de gérer cette émotion seule, elle se confie à sa mère. Cette dernière lui explique qu'elle aura toujours la même valeur à ses yeux, quel que soit le résultat de son concours. Apaisée, Margaux peut donner le meilleur d'elle-même.

La peur du ridicule

Le film de Patrice Leconte *Ridicule* illustre bien le lourd héritage que nous avons à porter en matière de crainte du ridicule. Il dresse un portrait cinglant de la cour de Louis XVI et de ses antichambres à Versailles en 1780, dans lesquelles paraître était plus important qu'être. De longues tirades en joutes oratoires, les courtisans s'affrontent avec un ennemi mortel : le ridicule.

Le ridicule ne tue pas

L'astronome danois Tycho Brahé fut invité à un long banquet par l'empereur Rodolphe II de Hasbourg. Très attaché à l'étiquette, Tycho n'osa pas sortir pour soulager son envie pressante d'uriner. À la fin de l'événement, ayant malheureusement trop attendu, il ne parvint plus à uriner. Sa peur du ridicule lui valut une mort dans d'horribles souffrances après 10 jours d'agonie.

Si les dommages collatéraux de la peur du ridicule sont moins marqués aujourd'hui, l'enjeu demeure de parvenir à l'accepter sans la laisser prendre des proportions nuisibles.

Une façon de relativiser est de se remémorer ces mots de Georges Courteline[1] : « Passer pour un idiot aux yeux d'un imbécile est une volupté de fin gourmet. »

Pour lutter contre la peur du jugement en général, il est important de prendre conscience que notre valeur en tant que personne ne dépend pas du regard des autres. En effet, seuls nos comportements sont observables par autrui : lorsque nous recevons un jugement négatif, il porte donc sur un de nos comportements, dans un contexte précis, et ne remet pas en cause ce que nous sommes profondément, d'autant plus que ce jugement est également fondé sur des préjugés et projections que notre

1. Georges Courteline, *La Philosophie de Georges Courteline*, FB Editions, 2015.

interlocuteur peut avoir en fonction de son histoire (ce que nous ne maîtrisons pas).

Le fameux 360[2]

Le 360 est une démarche de plus en plus répandue en entreprise, qui consiste à faire remplir un questionnaire standardisé concernant les attributs d'une personne à un échantillon représentatif de ses collègues (hiérarchie, homologues, subordonnés).

Alors qu'elle s'apprête à passer un 360, Élodie confie à la coach chargée de l'accompagner qu'elle appréhende beaucoup la démarche : « J'ai peur d'être blessée par les réponses de mes collègues, je ne suis pas sûre d'être prête à entendre certaines choses négatives de leur part. »

Sa coach rassure alors Élodie, en lui expliquant que son 360 ne juge pas ce qu'elle est, mais renvoie une image de la façon dont ses comportements sont perçus par son entourage. L'intérêt de la démarche est justement d'identifier les écarts entre ce qu'Élodie sait d'elle-même, la façon dont elle souhaite être considérée et la façon dont elle est perçue à travers ses comportements.

Bien souvent, la peur du jugement n'a pas de fondement tangible : nous imaginons ce que les autres vont penser de nous, mais il est probable que ces derniers se révéleront bien plus indulgents à notre égard que nous le sommes nous-mêmes. Une bonne façon d'affronter notre peur est alors de décortiquer nos propres mécanismes de jugement.

2. Terme faisant allusion aux 360 degrés que couvre une vision circulaire.

À vous de jouer : revenez aux faits

Verbalisez précisément votre crainte. Par exemple : « Si je parle devant une grande assemblée, je vais tellement avoir le trac que je vais me mettre à bafouiller et que tout le monde pensera que je ne sais pas gérer mes émotions. »

Puis posez-vous des questions qui se rapportent exclusivement à des faits :

- Suis-je certain que je vais me mettre à bafouiller ?
- Si je me mets à bafouiller, suis-je certain que tout le monde va me juger négativement et en déduire que je ne sais pas gérer mes émotions ?
- Si certaines personnes se disent que je ne sais pas gérer mes émotions, est-ce vraiment dramatique ?

Lorsque nous recevons un jugement négatif, nous ressentons des émotions négatives : le plus souvent, de la honte ou de la culpabilité. Nous avons alors peur de décevoir et de ne pas être aimés tels que nous sommes.

Si nous essayons de lutter contre ces émotions, il est probable qu'elles finissent par nous submerger. Mieux vaut alors accepter de les ressentir pleinement, en sachant qu'elles sont passagères. Car il ne tient qu'à nous de ne pas les laisser s'installer : nous pouvons nous dire qu'un jour, nous y repenserons et en rirons… Alors, pourquoi ne pourrions-nous pas en rire dès à présent ?

Et s'il est vrai qu'on ne peut pas empêcher les autres de se moquer de nous, on peut choisir de refuser le sentiment d'humiliation. En effet, il s'agit d'un sentiment très personnel : devant une moquerie ou une critique, certains se sentent avilis alors que d'autres ne sont pas ou sont peu affectés. Nul ne peut nous humilier si nous n'acceptons pas l'humiliation !

Une bonne façon de relativiser et de retourner à son avantage une situation de prime abord délicate ou embarrassante est de pratiquer l'autodérision : non seulement vous revendiquerez ainsi le fait de refuser de vous sentir humilié, mais en plus vous générerez des émotions positives pour vous-même et pour votre entourage.

Pour oser agir, il vous faudra surmonter certaines de vos peurs. Nous verrons en particulier dans la troisième partie comment changer de point de vue sur l'échec, pour ne plus le redouter ni le subir.

L'essentiel de ce chapitre

- La peur est un frein puissant lorsque l'on souhaite agir. Pour la surmonter, il est important d'identifier les processus à travers lesquels elle s'exprime.
- La peur de l'échec provient du sentiment que nous n'aurons plus de valeur si nous échouons. Changer notre rapport à l'échec et, en particulier, le voir comme une occasion de nous améliorer, permet de lutter contre cette peur. Se fixer des objectifs intermédiaires permet également d'initier le mouvement sans rester tétanisé devant une tâche trop importante.
- La peur du jugement est liée à notre crainte d'être ridicule ou, pire, de ne plus être aimé. Pour la surmonter, il importe de garder à l'esprit que notre valeur ne dépend pas du regard des autres. Comprendre nos propres jugements de valeur nous aidera également à rester indulgents envers nous-mêmes, tout comme le fera la pratique de l'autodérision.

CHAPITRE 7
Je vaincs la procrastination

« En suivant le chemin qui s'appelle plus tard, nous arrivons sur la place qui s'appelle jamais. »

Sénèque

Lorsque l'on hésite à passer à l'action, une échappatoire classique est de reporter à plus tard. Si l'on n'y prête pas attention, cette démarche risque de nous amener insidieusement à renoncer, sans même que nous nous en rendions compte.

Procrastiner, qu'est-ce que c'est ?

La procrastination est cette propension que nous avons tous, de manière plus ou moins prononcée, à remettre au lendemain ce qui pourrait être fait immédiatement. Étymologiquement, ce mot vient du latin « *pro* », qui signifie « en avant », et « *crastinus* », qui signifie « du lendemain ».

L'administration fiscale utilise nos penchants naturels !

Le fisc a bien compris que sommeillait en chaque citoyen une tendance naturelle à repousser les corvées… En effet, souhaitant supprimer au maximum les déclarations papier, l'administration fiscale a eu la bonne idée d'octroyer un délai supplémentaire à tous ceux qui télédéclareraient leurs revenus. Grâce à cette proposition d'allonger le délai pour les déclarations dématérialisées, beaucoup de déclarants ont succombé aux appels du fisc : il n'y avait pas meilleure incitation pour convaincre !

Parfois, la procrastination peut s'avérer bien utile. C'est notamment le cas lorsqu'elle est le reflet de vos doutes.

Quand je ne suis pas convaincue...

Depuis des semaines, Martine doit contacter plusieurs partenaires potentiels dans le cadre de son nouveau projet professionnel. Pour deux de ses contacts, elle ne cesse de trouver des excuses pour repousser l'échéance.

Au bout de quelques semaines, sa coach lui demande : « Martine, ça ne vous ressemble pas de repousser ainsi une action. Qu'est-ce qui vous gêne ? »

Alors que Martine n'avait pas du tout réalisé que son intuition lui dictait d'adopter une autre stratégie, notamment en ne multipliant pas les partenaires, cette simple question lui permet de verbaliser ses réserves et d'adapter sa posture.

Tout le monde fait preuve de procrastination à un moment ou à un autre. Dans certains cas, comme celui de Martine, cela peut être vertueux ; mais dans d'autres cas, cela peut s'avérer destructeur de valeur.

Effectivement, cette propension à repousser les choses peut devenir chronique et impacter négativement notre quotidien ou nos projets. La sagesse populaire ne dit-elle pas que « un tiens vaut mieux que deux tu l'auras » et que « ce qui est fait est bien fait » ?

Pour continuer l'exemple sur la métaphore des impôts, remettre toujours au lendemain peut s'avérer périlleux à plusieurs égards : imaginez que, le dernier jour de déclaration, votre box Internet tombe en panne !

D'où vient le phénomène de procrastination ?

Diane Ballonad Rolland, dans son ouvrage *J'arrête de procrastiner*[1] rappelle que les causes de la procrastination sont multiples. Pour certains, la montée d'adrénaline qui intervient lorsque l'on a reporté les choses jusqu'à se retrouver au pied du mur est un déterminant. Cela peut aussi mettre en lumière une difficulté d'organisation, un découragement devant l'ampleur des tâches à accomplir. Pour d'autres, enfin, cela peut remonter à des fêlures plus profondes, telles que le manque de confiance en soi, la peur de la mort, la peur de l'échec, comme nous l'avons vu dans les chapitres précédents.

Cependant, des psychologues spécialistes du sujet, les docteurs Joseph Ferrari et Timothy Pychyl, ont classé les procrastinateurs selon trois profils :

- les éveillés, qui attendent la dernière minute pour agir et ressentir une excitation euphorique ;
- les évitants, qui sont paralysés par la peur (de l'échec, du succès, du jugement) et « préfèrent » donc ne pas agir ;
- les indécis, qui ne prennent pas de décision par peur d'être tenus pour responsables d'un piètre résultat final.

Les sept lois à connaître pour lutter contre la procrastination

La loi de Parkinson

Cyril Northcote Parkinson, historien britannique, a théorisé dans sa loi éponyme le fait que « le travail s'étale de façon à occuper le temps disponible pour son achèvement ».

Autrement dit, plus on dispose de temps pour faire quelque chose, plus cela nous prendra de temps.

1. Diane Ballonad Rolland, *J'arrête de procrastiner*, éditions Eyrolles, 2016.

À vous de jouer : auto-coaching

Je me prépare à passer à l'action

Lorsque vous avez l'impression que vous ne pourrez pas réussir à faire ce que vous souhaitez dans le temps qui vous est imparti, posez-vous la question suivante :

« Et s'il ne me restait que 5 minutes, que ferais-je immédiatement ? »

Cette technique de mise sous contrainte, souvent utilisée en coaching ou dans des ateliers de créativité quand le groupe est bloqué, permet de faire émerger les actions importantes, pour une mise en œuvre immédiate.

Loi de Hofstadter

Inventée par Douglas Hofstadter, un universitaire américain, cette loi empirique expose que « les choses prennent plus de temps que prévu, même en tenant compte de la loi de Hofstadter[2] ».

C'est aussi pour cette raison que réaliser les actions au dernier moment nous met en risque...

Dans votre vie professionnelle, mieux vaut prévoir dès le début d'un projet qu'il sera forcément en retard, encore plus que ce que vous imaginez. Mais attention, repousser l'échéance n'est la solution que si on applique l'exercice de la loi n° 1 ☺.

Sur une journée type, nous vous conseillons donc de planifier vos activités sur un maximum de 70 % de votre temps et de conserver les 30 % restants pour une gestion sereine des aléas.

Loi de Carlson

« Un travail réalisé en continu prend moins de temps et d'énergie que lorsqu'il est réalisé en plusieurs fois. » C'est par cette définition que l'économiste suédois Sune Carlson met en relief l'impact négatif des interruptions sur la productivité.

---

2. Douglas Hofstadter, *Gödel, Escher, Bach : Les Brins d'une Guirlande Éternelle* (prix Pulitzer en 1980), 1979.

À vous de jouer : exit les interruptions et les distractions

1. Pour éviter les interruptions : ménagez-vous des plages de travail réservées dans votre agenda, quitte à inscrire des réunions fictives pour être certain de ne pas être dérangé !
2. Pour vous prémunir des distractions : évitez de vérifier plusieurs fois par heure vos mails, réseaux sociaux... Pour cela, désactivez les notifications et mettez votre téléphone en silencieux. Si vous travaillez chez vous, éloignez-vous physiquement des distractions.

Loi de Illich

Ivan Illich, penseur autrichien, prêtre défroqué et universitaire polyglotte, explique qu'« au-delà d'un certain seuil, l'efficacité humaine décroît, voire devient négative ».

Cette loi, également nommée « loi des rendements décroissants », est un appel à la pause.

Bien évidemment, elle doit être envisagée en relation avec la loi précédente : il ne s'agit pas de faire des pauses à tort et à travers, juste de bien identifier vos besoins en la matière.

Loi des 80-20 ou principe de Pareto

Il arrive que nous procrastinions devant la multiplicité des tâches.

Une loi de probabilités mathématique bien connue démontre que 80 % des effets sont le produit de 20 % des causes.

Cela signifie que seulement 20 % de votre travail produit 80 % de la valeur, et inversement ! Le principe de Pareto (de son concepteur Vilfredo Pareto) est donc sans appel : il faut être capable de prioriser.

Nous vous donnons au chapitre 10 les clefs d'une priorisation efficace.

Loi de Laborit

Henri Laborit, chirurgien et neurobiologiste français, a élaboré la célèbre « loi du moindre effort ».

Dans son ouvrage *L'éloge de la fuite*[3], il a expliqué sa « loi du moindre effort » : le comportement humain nous incite à faire en premier ce qui nous fait plaisir. Au travail nous avons tendance par instinct à chercher la satisfaction immédiate et à fuir le stress.

À vous de jouer : effort et réconfort

1. Commencez votre journée par les travaux les plus difficiles, sinon vous n'aurez plus le courage de traiter les corvées. Pour vous donner du courage, visualisez le plaisir, le soulagement et la fierté que vous ressentirez une fois la tâche redoutée accomplie.
2. Récompensez-vous, vous l'avez bien mérité ! Pensez à la loi d'Illich (voir quelques lignes plus haut) et octroyez-vous une pause.
3. Et maintenant, vous pouvez vous atteler à vos tâches plaisirs…

Loi de Penbuhl[4]

Pour conclure ce chapitre, nous vous transmettons ici une loi qui n'est pas issue de cinq décennies de recherches, mais de quinze ans d'expérience de vos auteures préférées : lorsque nous prenons du plaisir à faire les choses, nous sommes plus créatifs, plus productifs, plus engagés, plus efficaces, plus innovants… Bref, nous sommes PLUS !

Nous n'avons pas tous les mêmes ressorts du plaisir au travail. En ce qui nous concerne, par exemple, nous accordons beaucoup d'importance au caractère ludique et esthétique des choses. Ainsi, nous incluons systématiquement dans nos ateliers des séquences ludiques qui sont toujours très appréciées des participants, et prêtons la plus grande attention à nos supports.

Si vous pensez que votre travail est tellement rébarbatif qu'il est impossible d'y prendre plaisir, nous vous invitons à remettre en cause cette fausse croyance ! Comme l'illustre, à travers une jolie fable, le livre *Fish*[5],

3. Henri Laborit, *L'éloge de la fuite*, éditions Gallimard, 1985.
4. Du nom de vos deux auteures, Pennel et Luginbuhl.
5. Stephen C. Lundin, Harry Paul et John Christensen, *Fish*, Un monde différent, 2010.

inspiré de l'histoire vraie du célèbre marché aux poissons de Pike Place de Seattle, c'est en grande majorité votre attitude qui détermine le plaisir que vous prenez à votre travail.

À vous de jouer : faites-vous plaisir !

À vous d'identifier vos ressorts du plaisir au travail.

Si vous aimez jouer, lancez-vous des défis à vous-même ou entre collègues !

Si vous aimez ce qui est beau, attachez-vous à faire de jolies choses : soignez vos comptes rendus de réunion et ajoutez-y des dessins ou des schémas, faites de jolies *to-do lists*[6]. En voici un exemple page suivante.

Et si vous êtes manager, faites appel à nous pour organiser des séquences collectives (séminaires, conférences, ateliers) dont vos collaborateurs repartiront reboostés à bloc ! ☺

L'essentiel de ce chapitre

- La procrastination est une tendance assez naturelle à remettre à plus tard ce que nous devons faire.
- Pour lutter contre la procrastination, vous pouvez vous mettre sous contrainte de temps en pratiquant l'auto-coaching, conserver environ 30 % de votre temps de travail quotidien pour gérer les imprévus, vous organiser pour limiter les interruptions et les distractions lorsque vous accomplissez du travail de fond (tout en vous octroyant des pauses lorsque vous en avez vraiment besoin) et jongler astucieusement entre tâches plaisantes et rébarbatives.

6. Listes des tâches à faire.

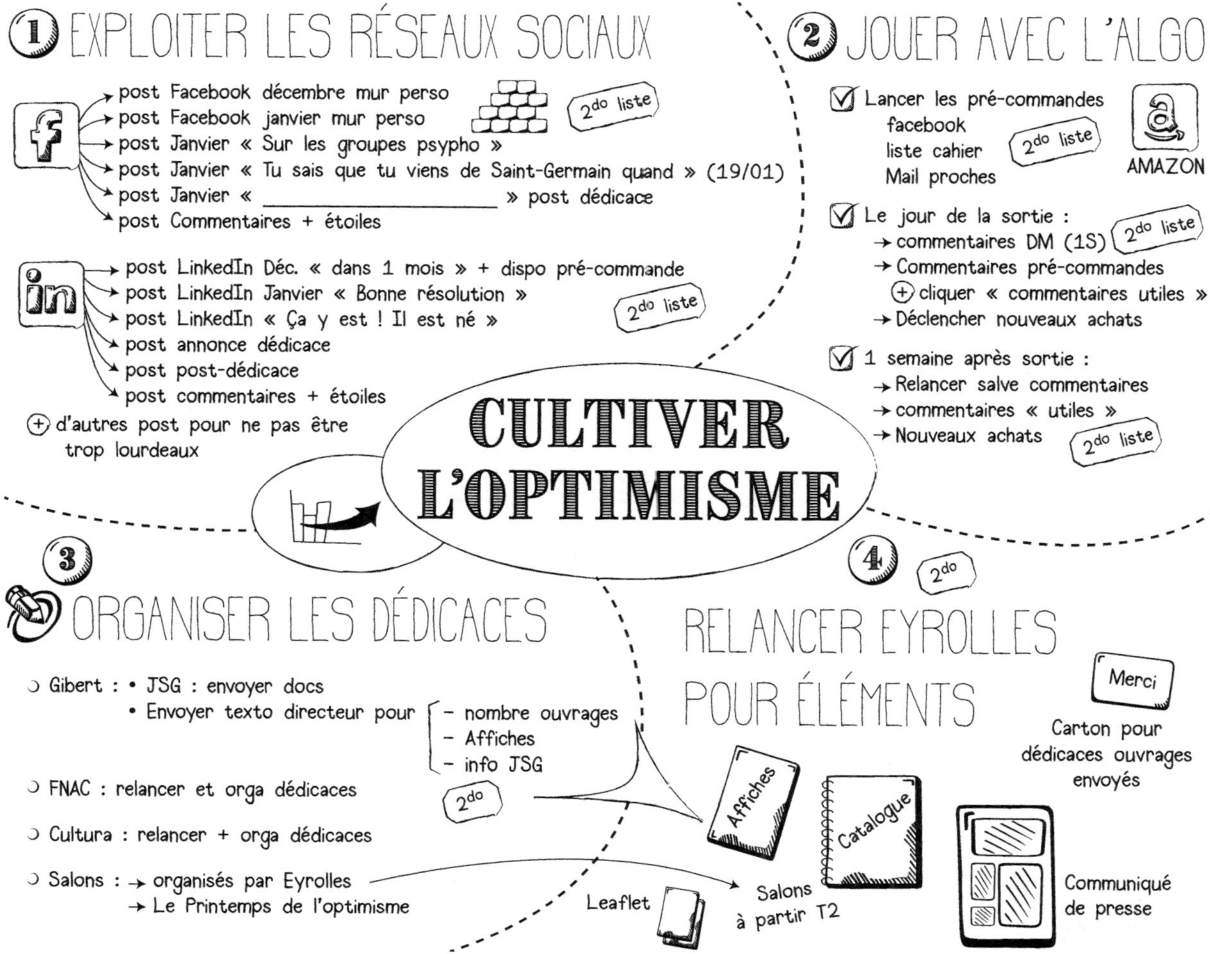
CULTIVER L'OPTIMISME
1 EXPLOITER LES RÉSEAUX SOCIAUX
post Facebook décembre mur perso
post Facebook janvier mur perso
post Janvier « Sur les groupes psypho »
post Janvier « Tu sais que tu viens de Saint-Germain quand » (19/01)
post Janvier « ______________ » post dédicace
post Commentaires + étoiles
2do liste
post LinkedIn Déc. « dans 1 mois » + dispo pré-commande
post LinkedIn Janvier « Bonne résolution »
post LinkedIn « Ça y est ! Il est né »
post annonce dédicace
post post-dédicace
post commentaires + étoiles
2do liste
+ d'autres post pour ne pas être trop lourdeaux
2 JOUER AVEC L'ALGO
Lancer les pré-commandes
facebook
liste cahier
Mail proches
2do liste
AMAZON
Le jour de la sortie :
→ commentaires DM (1S)
2do liste
→ Commentaires pré-commandes
+ cliquer « commentaires utiles »
→ Déclencher nouveaux achats
1 semaine après sortie :
→ Relancer salve commentaires
→ commentaires « utiles »
→ Nouveaux achats
2do liste
3 ORGANISER LES DÉDICACES
Gibert : • JSG : envoyer docs
• Envoyer texto directeur pour
- nombre ouvrages
- Affiches
- info JSG
2do
FNAC : relancer et orga dédicaces
Cultura : relancer + orga dédicaces
Salons : → organisés par Eyrolles
→ Le Printemps de l'optimisme
4 2do
RELANCER EYROLLES POUR ÉLÉMENTS
Merci
Carton pour dédicaces ouvrages envoyés
Affiches
Catalogue
Communiqué de presse
Leaflet
Salons à partir T2

CHAPITRE 8

Je donne le meilleur de moi-même

« Si vous avez l'impression que vous êtes trop petit pour pouvoir changer quelque chose, essayez donc de dormir avec un moustique. »

Dalaï-Lama

Pour mettre toutes les chances d'arrêter d'hésiter de votre côté, vous allez devoir être indulgent envers vous-même et, surtout, vous accepter tel que vous êtes… car vous êtes une personne formidable, comme vous allez le découvrir (si toutefois vous en doutiez) !

J'arrête de me focaliser sur mes faiblesses

Je lutte contre le syndrome du bon élève

Dès le plus jeune âge, en particulier dans le milieu scolaire, nous sommes confrontés à l'idée qu'il faut lutter contre nos faiblesses. Si un enfant est très bon en français et en dessin, son bulletin soulignera le fait qu'il doit faire des efforts en maths ! Le mode d'évaluation des élèves en France incite à travailler les matières dans lesquelles ils ne sont pas bons plutôt que celles pour lesquelles ils ont des aptitudes…

Bien sûr, il est important d'avoir un niveau minimal dans certaines matières. Mais vouloir à tout prix supprimer toute faiblesse chez les élèves tend à étouffer les talents singuliers !

Il ne nous viendrait pas à l'esprit de nous demander si le petit Marcel Proust était bon en maths, ni si Albert Einstein était bon en allemand (on sait d'ailleurs qu'il a longtemps été considéré comme un cancre). Et que se serait-il passé si les parents de Kylian Mbappé avaient exigé en 5e qu'il réduise ses entraînements de foot pour travailler sa flûte à bec ?

En observant les systèmes éducatifs d'autres pays (comme les Pays-Bas, la Norvège ou la Suède), on comprend que le mode d'enseignement français peut être sclérosant pour certains élèves : pas de souplesse dans le choix des matières avant un âge avancé, peu de valorisation de l'humour ou même du travail en équipe...

Au final, les élèves assez bons partout ont souvent de meilleurs parcours que les profils atypiques. Les jeunes consciencieux utilisent ainsi beaucoup d'énergie pour lutter contre leurs faiblesses, alors qu'ils obtiendraient des résultats bien plus intéressants s'ils cherchaient à atteindre l'excellence là où ils sont déjà bons.

Delphine témoigne : nulle en histoire-géo

Quand j'étais petite, je disposais d'aptitudes naturelles pour les matières scientifiques et pour les langues, dans lesquelles j'avais d'excellentes notes sans avoir besoin de beaucoup travailler. En revanche, ça n'était pas du tout le cas en histoire-géo ! J'avais beau écouter en classe, je ne retenais rien et devais fournir de gros efforts pour apprendre mes cours avant les contrôles. Alors que j'étais en section S, j'ai passé le mois précédent le bac à réviser quasiment exclusivement l'histoire-géo, pour obtenir la mention que je visais.

Devenue adulte, j'ai souvent répété à mes filles que j'étais nulle en histoire... et j'ai récemment constaté qu'elles me prenaient au mot lorsqu'elles ont eu l'air surpris que je dispose de connaissances élémentaires sur les rois de France.

J'ai alors réalisé que je me considérais comme nulle en histoire car c'était la matière dans laquelle j'avais le plus de difficultés enfant... et que mon père, professeur d'histoire, disposait d'une impressionnante culture générale... En fait, je n'ai jamais été nulle en histoire, juste médiocre ☺.

J'ai ainsi dépensé une énergie considérable pour pallier ce que j'identifiais comme ma principale faiblesse scolaire, sans en retirer de bénéfice notable.

Je réalise que tout est relatif

Qu'est-ce qu'une faiblesse ? Un défaut ? Quelque chose qui va nous gêner pour réussir notre vie ? Un trait de caractère qui déplaît à notre entourage ?

En fait, il y a peu de choses qui soient des faiblesses dans l'absolu.

Prenons l'exemple de la gentillesse. On entend parfois dire d'une personne qu'elle est « vraiment trop gentille ». Cela signifie qu'elle a du mal à se faire respecter et qu'elle tombe souvent sur des gens qui abusent de sa gentillesse. Celle-ci est alors perçue comme une faiblesse. Et pourtant, si on interroge l'entourage de cette personne, on constatera que la gentillesse est perçue comme une de ses principales qualités : c'est une force sur laquelle elle s'appuie pour nouer des relations sincères et durables.

Et nous connaissons des tas de gens très gentils qui savent parfaitement mettre des limites et se faire respecter !

De même, certains traits de caractère peuvent être perçus comme des faiblesses dans certains contextes, mais comme des forces dans d'autres.

Trop exubérante

Claire manage depuis plusieurs années des équipes opérationnelles dans un grand groupe. Reconnue pour la qualité de son travail, elle est considérée comme cadre « à potentiel » et se voit bien faire carrière au sein de cette entreprise.

Dans cette optique, elle accepte un poste dans les services centraux et s'investit corps et âme dans cette nouvelle mission. Sa hiérarchie apprécie à sa juste valeur l'énergie qu'elle met à atteindre ses objectifs mais l'alerte sur l'image qu'elle envoie, très différente de celle de ses homologues (plus posés et plus politiques).

Le jour où Claire apprend qu'un poste va être créé pour partir à la conquête de nouveaux marchés, elle exulte : ce poste est

indéniablement fait pour elle ! Quelques jours plus tard, elle tombe de haut : perçue comme « trop exubérante » par le comité de direction, elle n'est même pas envisagée comme candidate.
C'est un coup dur pour Claire, qui se remet profondément en question. Elle a toujours considéré son exubérance comme une de ses principales qualités, celle qui lui permet de créer du lien avec tous types de personnes. Elle n'envisage pas de renoncer à cette partie d'elle-même. Mais elle ne veut pas non plus renoncer au fait de s'investir pour son entreprise et ne comprend pas pourquoi cela serait incompatible.
Après une longue réflexion, Claire décide de tempérer l'expression de son exubérance dans ses fonctions actuelles, mais de cultiver cette force en s'investissant dans d'autres projets. Elle prépare actuellement un one-woman show inspiré de son expérience.

Que faire de mes faiblesses ?

La question à vous poser pour chacune de vos faiblesses est la suivante : vous dérange-t-elle vraiment ? Si la réponse est non, alors cessez de vous focaliser dessus ! Et si la réponse est oui, vous avez alors le choix entre corriger cette faiblesse ou tout simplement faire avec. Car une chose est sûre, elle ne doit pas vous entraver.

Si vous décidez de corriger certaines de vos faiblesses, vous avez de nombreuses possibilités, en fonction de leur nature : délégation à un tiers, formation, travail personnel avec un thérapeute, entraînement pratique, lecture, adhésion à un groupe de soutien…

Pour les autres, apprendre à les accepter passe surtout par le fait de savoir faire taire la petite voix rabat-joie qui vous fait douter de vos capacités. Quels que soient vos défauts, vous avez d'immenses qualités qui les compensent largement et c'est sur elles que vous allez vous appuyer pour réussir !

À vous de jouer : identifiez les forces derrière vos faiblesses

Faites la liste de ce que vous considérez comme vos principales faiblesses, puis identifiez les forces qui leur correspondent.

Par exemple, passez de :

- « Je suis trop timide. » à « C'est vrai que je suis timide, mais je sais aussi très bien observer les gens avant d'engager la conversation à bon escient. »
- « Je suis bordélique et désorganisé. » à « C'est vrai que je ne suis pas le roi du rangement, mais je sais très bien m'adapter à en environnement déstructuré et fluctuant. »

Au final, dois-je sortir de ma zone de confort ?

Nous avons parfois tendance à penser qu'il faut souffrir pour être méritant et que ce que nous accomplissons facilement n'a pas de valeur.

C'est une croyance extrêmement limitante, contre laquelle nous nous insurgeons ! Lorsque l'on a la chance d'être talentueux pour quelque chose et que l'on s'est donné du mal pour devenir vraiment compétent dans un domaine, pourquoi faudrait-il absolument aller faire autre chose ?

Être dans sa zone de confort peut s'avérer extrêmement gratifiant : nous récoltons ce que nous avons semé, recevons des *feedbacks* positifs de notre entourage et prenons conscience de ce que nous apportons aux autres.

Il nous semble important de savoir savourer cela !

De nombreux cadres heureux au travail s'entendent dire dans leur entretien annuel qu'il est temps de sortir de leur zone de confort… et se retrouvent confrontés à des questions existentielles, alors même qu'ils continuaient à s'épanouir dans leurs activités et apportaient de la valeur à leur entreprise. Comme s'ils devaient prouver qu'ils sont capables de tout faire (et surtout des sacrifices…) lorsque l'entreprise le leur demande.

Il y a dans la vie un temps pour tout. Certes, le plaisir de la nouveauté et de l'apprentissage peut être grisant, mais nous avons parfois besoin de nous (re)poser un peu, d'adopter un rythme plus calme et de ne pas tomber dans l'excès de mouvement. C'est le moment de nous ressourcer, de reprendre des forces pour être prêt à passer à autre chose… plus tard.

Si l'envie d'explorer de nouveaux territoires vous titille, c'est que vous êtes prêt à sortir de votre zone de confort… Et cela en vaut le coup, vous ne serez probablement pas déçu du voyage ! Assurez-vous simplement que vous le faites pour de bonnes raisons : parce que vous en avez envie et non pas pour céder à une injonction extérieure.

Je cultive mes forces

Je m'appuie sur mes valeurs

Nous souhaitons ici tordre le cou au mythe selon lequel il faudrait renoncer à ses valeurs pour réussir : au contraire, être en accord avec nos valeurs nous semble être un prérequis essentiel à la réussite.

Nos valeurs structurent notre façon de penser, de percevoir le monde, de nous lier avec autrui, de nous comporter. Elles nous servent de repères et nous permettent même de distinguer le bien du mal. Elles sont à la base de nos principales qualités.

Certains vendeurs excellent dans l'art de vendre des produits à des clients qui n'en ont pas besoin en les incitant à prendre un crédit qu'ils auront du mal à rembourser… Tandis que d'autres refusent de vendre s'ils ne sont pas convaincus de l'intérêt du produit pour le client. Sans porter ici de jugement facile, nous soulignons juste le fait que ces deux types de vendeurs parviennent souvent aux mêmes résultats (pas auprès des mêmes personnes), en s'appuyant sur des valeurs radicalement différentes.

À vous de jouer : soyez en cohérence avec vos valeurs

Voici une liste de valeurs. Identifiez les 5 plus importantes pour vous (vous pouvez bien sûr en rajouter qui ne sont pas dans cette liste).

Acceptation, accomplissement, action, adaptation, affirmation, amitié, amour, apprentissage, autarcie, authenticité, autonomie, autorité, beauté, bienveillance, bonté, calme, charité, compassion, conciliation, confiance, confort, conscience, coopération, courage, créativité, découverte, détachement, dévouement, discernement, discipline, don, douceur, éducation, efficacité, égalité, élégance, enthousiasme, entraide, équilibre, espérance, éveil, excellence, expérimentation, exploration, famille, fidélité, flexibilité, force, générosité, honnêteté, honneur, humanité, humour, indépendance, influence, information, innovation, inspiration, intégrité, intelligence, invention, joie, justice, liberté, maîtrise, maturité, méditation, mobilité, optimisme, originalité, paix, passion, perfection, performance, persévérance, plaisir, pondération, présence, prospérité, pudeur, puissance, qualité, réalisme, régularité, respect, responsabilité, réussite, sagesse, sensibilité, sérénité, simplicité, sincérité, sociabilité, stabilité, succès, tendresse, tolérance, transmission, universalité, utilité, vérité.

Quel que soit le sujet sur lequel vous souhaitez arrêter d'hésiter aujourd'hui, votre situation actuelle est-elle en adéquation avec vos valeurs ?

Pour chacune de ces valeurs, donnez-vous 3 objectifs (à plus ou moins long terme) qui vont vous permettre d'agir en cohérence avec elle.

Valeur 1
Objectif 1 :
Objectif 2 :
Objectif 3 :

Valeur 2
Objectif 1 :
Objectif 2 :
Objectif 3 :

Valeur 3
Objectif 1 :
Objectif 2 :
Objectif 3 :

Valeur 4
Objectif 1 :
Objectif 2 :
Objectif 3 :

Valeur 5
Objectif 1 :
Objectif 2 :
Objectif 3 :

Je capitalise sur mes succès passés

Notre éducation nous a souvent inculqué l'importance de la modestie, par opposition à la vantardise. S'il est important de ne pas assommer son entourage à longueur de journée avec le récit de nos exploits, il ne faut pas non plus tomber dans l'excès inverse : à force de modestie, il arrive que nous n'osions pas partager nos succès.

Mais ne pas verbaliser nos succès, c'est prendre le risque de ne plus avoir conscience de ce que nous faisons de vraiment bien !

Or nous avons tous de belles réussites à notre actif, sur lesquelles nous pouvons capitaliser pour construire nos réussites futures. Non seulement nos succès nous permettent de prendre conscience de nos forces, mais ils sont source d'enseignements (tout comme nos échecs d'ailleurs, nous y reviendrons dans la suite de cet ouvrage) : ce qui a fonctionné par le passé a de grandes chances de fonctionner à l'avenir, et nous pouvons l'améliorer pour obtenir des résultats encore meilleurs.

Pour nous montrer audacieux, nous avons besoin de maîtriser notre zone de confiance afin d'oser en sortir. Et cette maîtrise s'acquiert avant tout par l'expérience.

À vous de jouer : capitalisez sur vos réussites

Prenez le temps de vous remémorer certains de vos succès, qu'ils soient personnels ou professionnels.

Sur quelles qualités vous êtes-vous appuyé pour réussir ?

Quels obstacles avez-vous surmontés pour réussir ?

Qu'avez-vous appris grâce à ces succès ?

Que pouvez-vous reproduire de ces expériences qui vous aident à avancer pour atteindre vos objectifs actuels ?

Je prends conscience de mes forces

Dans son livre *Wake Up !*[1], Christine Lewicki souligne la difficulté que nous avons parfois à prendre conscience de nos forces : « C'est unique de toucher du doigt ce qui est unique et important, car cela nous semble tellement naturel que nous n'en voyons souvent pas la valeur. »

Nous avons tous des dons (naturels ou acquis), mais, à force de nous focaliser sur la correction de nos faiblesses, nous oublions parfois de les développer, de sorte qu'ils finissent par rouiller… Quel gâchis !

(Re)prendre conscience de vos forces va vous permettre de mieux canaliser votre énergie pour passer à l'action de manière naturelle.

Vous pensez peut-être déjà avoir identifié toutes vos forces. Permettez-nous d'en douter ! En effet, il arrive souvent que nous ayons tellement conscience de certaines de nos forces que nous ne faisons pas attention à d'autres.

Intelligente… mais pas que !

Dans son enfance, Géraldine a été très valorisée pour son intellect. Enfant précoce et excellente élève, elle a toujours entendu dire qu'elle était très intelligente, tant au sein de sa famille que dans son milieu scolaire.

Après de brillantes études, elle se retrouve à son premier entretien d'embauche et le recruteur lui demande de citer trois de ses qualités. Géraldine répond qu'elle comprend très vite, qu'elle sait bien analyser les situations et qu'elle est très organisée.

Le soir, elle raconte cet entretien à sa meilleure amie. Cette dernière réagit alors : « Tu aurais aussi pu dire que tu étais gentille et à l'écoute des autres, toujours prête à rendre service, drôle et avec une super répartie… »

1. Christine Lewicki, *Wake Up ! 4 principes fondamentaux pour arrêter de vivre sa vie à moitié endormi*, éditions Eyrolles, 2016.

Géraldine reste interloquée… avant de fondre en larmes. Tout ce que son amie a dit est vrai, elle le ressent au plus profond d'elle-même, mais c'est la première fois qu'on le lui dit de manière aussi claire.

À vous de jouer : identifiez vos forces

Pour identifier vos forces, nous vous invitons à répondre aux questions suivantes :

Qu'aimez-vous le plus faire ?

....

....

Quelles tâches accomplissez-vous facilement, avec assurance et/ou plaisir ?

....

....

Dans quelles activités avez-vous toujours été performant ?

....

....

Quelles tâches vous absorbent jusqu'à en perdre la notion du temps ?

....

....

Qu'est-ce qui vous fait vous sentir vous-même ?

....

....

À quel propos utilisez-vous des formulations positives telles que « j'adore » ?

....

....

Faites ce travail en vous plaçant d'un point de vue :

- relationnel (communication, création de lien, conviction, humour...) ;
- pratique (organisation, pragmatisme, débrouillardise...) ;
- intellectuel (rapidité, profondeur, vision, esprit de synthèse...) ;
- affectif (gentillesse, empathie, gestion des émotions...) ;
- physique (force, endurance, résistance...) ;
- humain au sens large (persévérance, humilité, confiance en soi, adaptabilité...).

Une seule contrainte : identifiez au moins une force pour chacune des rubriques ci-dessus, surtout si vous pensez que ça n'est pas votre domaine de prédilection.

Si vous éprouvez des difficultés à accomplir cet exercice, nous vous invitons à vous faire aider de vos proches... tout en gardant à l'esprit l'exemple de Géraldine.

Identifiez quelques personnes de votre entourage dont vous êtes certain de la bienveillance à votre égard, puis demandez-leur ce qu'elles considèrent comme vos principales qualités. Ne vous arrêtez pas aux premières réponses, souvent évidentes, osez insister : « Et à part ça ? »

Maintenant que vous avez identifié vos forces, passez-les en revue en vous demandant si vous leur faites la place qu'elles méritent dans votre vie.

Quelles sont les actions que vous réalisez au quotidien pour cultiver ces forces ?

Quelles sont les forces sur lesquelles vous ne vous appuyez pas suffisamment ? Que pouvez-vous mettre en œuvre pour y remédier ?

J'ose sortir du cadre

Je questionne mon cadre de référence

Nous avons abordé, dans la première partie de ce livre, la notion de carcan que peuvent parfois représenter notre éducation et les croyances qui nous ont été inculquées dans l'enfance. Or, cela perdure à l'âge adulte : nous vivons avec un cadre de référence.

Ce cadre de référence est à la fois utile et rassurant. En effet, il nous fournit des repères pour évoluer dans un monde d'une grande complexité. Avoir une vision assez claire de ce qui est bien ou mal, de ce qui se fait ou ne se fait pas, de ce que nous voulons ou ne voulons pas, nous aide à avancer dans la vie sans passer notre temps en proie à des questions existentielles sans fin.

Mais il arrive que ce cadre nous entrave !

Le principe même de la démarche de coaching est d'aider les personnes à sortir de leur cadre de référence, qui limite leur point de vue sur les choses. En sortant de ce cadre, elles peuvent envisager la situation sous un autre jour et trouver elles-mêmes des solutions qu'elles n'auraient pas pu envisager sans cela.

Débordé de travail

Grégory est un jeune cadre de 30 ans, tout juste nommé responsable d'une équipe de téléconseillers. En accord avec son responsable hiérarchique, il commence un coaching dont l'un des objectifs est de l'aider à mieux gérer l'équilibre entre sa vie professionnelle et sa vie privée. En effet, Grégory travaille toujours tard le soir, il est généralement le dernier à partir et ne parvient pas à organiser autrement son travail.
Pourtant, les premières séances de coaching soulignent plutôt la bonne organisation de Grégory, qui apprécie beaucoup son travail et ses collègues.

Sa coach lui pose alors cette simple question : « Tu es content de rentrer chez toi le soir ? » S'ensuit un long silence, après lequel Grégory prend un tournant décisif : il verbalise le fait qu'il ne se sent plus amoureux de sa compagne, qu'il sait qu'il doit la quitter mais n'a pas le courage de passer à l'acte.
La demande de coaching s'appuyait sur le cadre de référence selon lequel nous aspirons tous à rentrer chez nous à une heure raisonnable après une bonne journée de travail. Grégory a pris conscience que ça n'était pas le sien dans sa situation actuelle. Il n'a aucun problème de gestion de ses priorités professionnelles, cet aspect-là se réglera tout seul lorsqu'il aura pris les décisions qui s'imposent sur le plan personnel.

Nous ne vous demanderons pas ici de décrire votre cadre de référence car celui-ci est constitué de multiples éléments. Mais lorsque vous affrontez une situation de blocage, nous vous invitons à vous interroger sur ce que vous pourriez modifier dans votre façon de regarder le problème : quels sont les bénéfices collatéraux que vous (ou d'autres personnes) retirez de cette situation ? Quelle certitude vient-elle remettre en cause ? Quelle perspective vous ouvre-t-elle ?

« À trop vouloir rentrer dans le moule, on finit par ressembler à une tarte »

Cette citation (d'un auteur inconnu) traduit parfaitement le risque que l'on court à ne pas oser accepter nos différences.

Par peur de déplaire, nous cherchons souvent à nous conformer à ce qui est attendu de nous ou à être « comme tout le monde ». C'est absurde, car nous sommes tous uniques ! Pensez à une personne que vous aimez profondément. L'aimez-vous pour son absence de défauts, parce que personne ne pense de mal d'elle et qu'elle ne se distingue en rien des autres personnes que vous fréquentez ? Certainement pas !

Ce que nous aimons chez les autres, ce sont ces petites particularités qui les rendent différents à nos yeux. Alors pourquoi raisonnerions-nous autrement envers nous-même ?

Beaucoup de gens déclarent porter un masque au travail, ne s'autorisant pas à montrer à leurs collègues qui ils sont réellement. Il faut reconnaître que les faits leur donnent parfois raison, beaucoup d'employeurs attendant encore de leurs salariés qu'ils rentrent dans des cases et respectent des profils types.

Le problème est que cette attitude conduit parfois à une perte d'identité et de sens (sans même parler de ses effets néfastes sur la créativité, la responsabilisation, la performance...) !

Delphine témoigne : sortir du cadre grâce au burn-out

Lorsque je me suis formée au coaching, j'ai rencontré plusieurs personnes qui sortaient de burn-out ou de dépression. Je pense, par exemple, à une directrice marketing qui menait une brillante carrière après avoir fait HEC pour faire plaisir à ses parents... Incapable de remettre en cause le cadre de référence qu'elle s'était constitué depuis l'enfance, n'osant avouer ni à ses parents ni à son mari, que son travail ne l'épanouissait pas, elle travaillait avec acharnement... jusqu'à ce que son corps la rappelle à l'ordre. Le burn-out lui a permis d'assumer sa volonté de changer radicalement de vie professionnelle : elle est aujourd'hui très épanouie dans une double activité de coach et de thérapeute.

Comme le dit Adam Grant dans son excellent livre *Osez sortir du rang*[2], « Nous n'avons jamais entendu quelqu'un sur son lit de mort dire : "J'aurais dû être plus raisonnable, j'aurais dû ranger plus ma maison, j'aurais dû regarder davantage la télévision pour me distraire." » Au contraire, nous entendons davantage dire : "J'aurais dû avoir plus confiance en moi pour réaliser mes rêves, j'aurais dû avoir le courage de sortir du cadre, j'aurais dû avoir le courage de faire ce que mon cœur me disait de faire..." »

---

2. Adam Grant, *Osez sortir du rang*, éditions De Boeck, 2016.

Alors si vous sentez que l'envie de sortir du rang vous démange, n'attendez pas de faire un burn-out ou d'être sur votre lit de mort pour passer à l'action !

Je sors du rang !

Nous vous proposons de prendre connaissance de ces deux exemples inspirants, qui montrent qu'il y a plusieurs façons, plus ou moins risquées, de sortir du rang. Quel que soit le résultat final, il y a souvent beaucoup à tirer de ces chemins de traverse.

Ingénieur magicien

À 18 ans, Philippe est un très bon élève. Poussé par ses parents, il fait une prépa scientifique et, se destinant à devenir ingénieur, intègre l'École centrale.

Philippe s'adonne également avec assiduité à sa passion : la magie. Il suit des cours et rencontre d'autres passionnés, avec lesquels il se lie d'amitié.

Pendant ses trois années d'école, Philippe fait plusieurs stages en entreprise et fait systématiquement le même constat : il ne se sent absolument pas à sa place dans ce qu'il voit comme un rôle.

Son diplôme en poche, Philippe prend une décision claire : il sera magicien, pas ingénieur ! Malgré l'incompréhension de ses parents, il tient bon et se lance avec son groupe d'amis.

Aujourd'hui, Philippe a 56 ans et c'est un magicien reconnu. Il travaille également avec des entreprises qui apprécient son approche d'« ingénieur reconverti ».

La décision de Philippe n'a sans doute pas été facile, mais il ne la regrette pas une seconde !

Bien sûr, il n'est pas toujours évident de prendre des décisions aussi radicales. Mais quand on n'est pas satisfait d'une situation, il n'y a pas une infinité de possibilités : on peut se résigner, continuer à se plaindre... ou faire changer le cadre !

C'est là que nous sommes souvent rattrapés par notre petite voix rabat-joie (ou celle de ceux qui nous entourent) : « Tu es fou, c'est trop risqué », « Tu auras l'air malin si tu te plantes », « Tu ne vas jamais y arriver ».

Nous pensons alors que seuls les gens extrêmement sûrs d'eux ou brillantissimes peuvent se permettre de sortir du rang. C'est là que nous nous trompons, comme le constate Adam Grant[3] : « En fin de compte, ce sont les champions de l'originalité qui nous font avancer. Après des années passées à les observer et à les fréquenter, ce qui me frappe, c'est que leur ressenti n'est pas différent du nôtre. Ils éprouvent les mêmes peurs, les mêmes doutes que le reste d'entre nous. Ce qui les distingue, c'est qu'en dépit de cela, ils agissent. Ils savent au plus profond d'eux-mêmes qu'échouer laisse moins de regrets que ne pas essayer. »

L'administration ou l'aventure ?

À l'approche de la quarantaine, Marc, cadre depuis plus de 15 ans au sein de La Poste, ressent le besoin de sortir des voies toutes tracées. Il décide de faire une pause dans sa carrière pour s'essayer à la vente dans le secteur privé. Intégralement payé à la commission, il goûte à l'aventure, mais aussi aux longues journées loin de chez lui et au stress du salaire variable. Complètement exalté par son nouvel emploi, il doit cependant faire un choix difficile à l'issue de son congé sabbatique : soit continuer dans ce métier risqué, soit réintégrer la grande entreprise.
Il choisit de reprendre un emploi à La Poste qui lui offre plus de stabilité. Quelques années plus tard, il reconnaît que cette parenthèse lui a beaucoup apporté d'un point de vue personnel mais également professionnel : outre le fait d'avoir développé

3. *Op. cit.*

de nouvelles compétences et de s'être découvert des forces insoupçonnées, il a vu son emploi à La Poste d'un autre œil et l'a davantage apprécié par la suite.

Vous avez peur de passer à l'action ? Vous êtes tout simplement normal ! L'objectif de ce livre n'est pas de faire disparaître vos peurs, juste de vous aider à agir malgré tout.

Et s'il persiste une petite voix qui cherche à vous dissuader d'agir, peut-être faut-il l'écouter : il ne s'agit pas de tout oser mais d'oser à bon escient. Comme le dit Michel Audiard[4] : « Les cons, ça ose tout. C'est même à ça qu'on les reconnaît. »

Je fais confiance à mon intuition

L'intuition est une faculté de l'esprit qui nous permet d'accéder à un niveau de connaissance direct et immédiat. Elle est l'expression de notre subconscient et transcende la réflexion.

C'est une force incroyable que nous avons tous (comme les animaux), mais dont nous avons parfois perdu l'usage, tant nous accordons d'importance au raisonnement et à l'analyse. Et tant nous avons peur de nous tromper !

Et pourtant, si nous sommes capables de l'écouter, notre intuition est une excellente alliée, qu'il ne faut surtout pas museler. Qu'elle nous incite à la prudence ou, au contraire, à l'action, il y a toujours une bonne raison à cela.

Le journaliste et écrivain américain Malcolm Gladwell[5] explique que l'on fait des choix plus judicieux si l'on se fie à son intuition, en particulier parce que cela évite de se noyer sous une masse d'informations pas toujours utiles.

---

4. *Les tontons flingueurs*, film réalisé par Georges Lautner, dialogues de Michel Audiard (1963).
5. Malcolm Gladwell, *La force de l'intuition*, éditions Robert Laffont, 2006.

Lorsque nous souhaitons nous lancer dans un projet, le raisonnement analytique souligne toutes les bonnes raisons que nous avons de douter... là où l'intuition nous crie parfois qu'il faut nous lancer et que nous trouverons des solutions au fur et à mesure.

À vous de jouer : développez votre intuition

Si vous souhaitez développer votre intuition, rien de tel que la pratique : commencez par l'écouter dès que vous en avez l'occasion.

Quelques attitudes abordées dans ce livre vous aideront également : développez votre confiance en vous, entretenez des pensées positives, soyez attentif aux émotions (les vôtres et celles de votre entourage), accordez à vos rêves la place qu'ils méritent dans votre vie.

L'essentiel de ce chapitre

- En misant sur vos forces au lieu de vous focaliser sur vos faiblesses, vous serez en mesure de donner le meilleur de vous-même.
- Pour commencer, vous pouvez d'une part faire l'inventaire de vos forces, d'autre part, identifier les qualités qui se cachent derrière vos défauts.
- Ensuite, vous développerez au mieux vos forces en vous appuyant sur vos valeurs et vos succès passés.
- Questionner votre cadre de référence vous permettra également de surmonter des situations de blocage, voire de sortir du rang si tel est votre souhait.
- Si vous décidez de sortir de votre zone de confort, assurez-vous que vous agissez selon votre volonté propre et non sous la pression d'injonctions extérieures : surtout, restez à l'écoute de votre intuition !

CHAPITRE 9
Je m'appuie sur les autres

« Il se faut entraider, c'est la loi de la nature. »

Jean de La Fontaine, *L'âne et le chien*

Il n'y a pas de réussite durable sans cohésion entre les personnes. S'il est possible d'obtenir seul quelques succès, il n'est qu'un moyen de créer une réussite durable : s'appuyer sur un collectif. En effet, une personne, si brillante soit-elle, ne pourra jamais égaler les résultats d'une équipe de travail. Il nous semble important de souligner ici que nous entendons le terme « équipe » au sens large : par exemple, même si Albert Einstein a élaboré seul sa théorie de la relativité, il a eu au cours de sa vie des relations avec quantité de personnalités scientifiques, qui lui ont permis de challenger ses idées.

Je m'entoure des bonnes personnes

Que vous souhaitiez vous lancer seul à ou plusieurs dans un projet, vous aurez besoin de bien vous entourer… ne serait-ce que de clients ! ☺

Similitude ou complémentarité ?

Une question que l'on se pose souvent lorsque l'on cherche des personnes avec lesquelles s'associer pour lancer un projet est : faut-il que je recherche plutôt des personnes qui me ressemblent, avec lesquelles le contact va être facile et la communication fluide, ou au contraire des personnes très différentes de moi, avec lesquelles j'aurai peut-être plus de mal à fonctionner mais qui auront des qualités complémentaires des miennes ?

Il n'y a pas de bonne réponse à cette question, ou plutôt la réponse que nous vous apportons est : cela dépend ! Nous vous apportons deux témoignages pour illustrer que les deux choix peuvent fonctionner.

Un entrepreneur fonceur

Il y a plusieurs années, Bertrand a monté seul une entreprise qui a bien tourné pendant quelques années, avant de faire faillite suite à un choix particulièrement risqué. Bertrand a courageusement monté une nouvelle entreprise, là encore avec succès... avant de faire à nouveau faillite, toujours suite à une prise de risque excessive.

On pourrait croire que Bertrand s'est alors découragé. Mais non, il a monté une troisième entreprise qui est aujourd'hui prospère... et Bertrand n'a pas envie de faire faillite une troisième fois !

Un travail sur lui-même lui permet de prendre conscience que la prise de risque excessive fait partie intégrante de son mode de fonctionnement : s'il apprend brillamment de ses erreurs et parvient toujours à rebondir, il ne sait pas jauger les risques et préfère toujours l'action à la prudence.

Il décide alors de s'entourer d'un comité de direction composé de cinq personnes qu'il recrute spécialement pour leur profil analytique et leur annonce la couleur : dès lors que la majorité d'entre eux trouvera l'une de ses idées trop risquées, il ne la mettra pas en œuvre, quelle qu'en soit son envie.

Quelques années plus tard, l'entreprise de Bertrand se porte comme un charme.

Bertrand a bien compris qu'il devait s'associer à des personnes qui pallieraient chez lui un trait de caractère bloquant. Certes, il préférerait s'entourer de fonceurs comme lui, pour être toujours dans l'action, tellement stimulante pour un profil comme le sien... Mais il sait qu'il ne peut plus se le permettre et doit accepter de s'appuyer sur des personnes aux postures prudentes, même si la communication avec eux n'est pas facile tous les jours et si ce choix génère parfois beaucoup de frustration chez lui.

Un binôme de choc

Un des retours qui nous fait le plus plaisir à toutes les deux lorsque nous donnons une conférence est que nous incarnons ce que nous prônons ! Lorsque l'on creuse ce qu'il y a derrière cette phrase, plusieurs idées similaires émergent : « On sent le plaisir que vous avez à travailler ensemble, ça donne envie » ; « On voit bien que vous être super optimistes et positives toutes les deux » ; « On sent que vous vous amusez » ; « Votre binôme a une énergie communicative qui donne la pêche »...
Eh oui, nous nous ressemblons beaucoup et c'est ce qui fait en grande partie notre profonde complicité. Nos modes de fonctionnement très semblables nous permettent de nous comprendre en quelques mots, nous sommes presque toujours d'accord sur les actions à mener ou les choix à faire et, quand cela n'est pas le cas, nous n'avons aucun mal à trouver un compromis.

Dans notre cas, ce sont nos points communs qui font notre force car le plaisir que nous avons à travailler ensemble est notre principal moteur, qui nous permet de démultiplier notre énergie. Et quand il arrive que l'une d'entre nous manque un peu d'énergie, elle sait que l'autre est capable d'assurer pour deux, le temps qu'elle-même recharge ses batteries, ce qui est profondément rassurant.

En fonction de votre tempérament et de votre besoin, à vous de voir s'il vous faut plutôt vous entourer de personnes complémentaires ou de personnes qui vous ressemblent, l'important étant que votre collaboration fonctionne et donne de bons résultats.

Je me rapproche de personnes qui me poussent dans le bon sens

Pour réussir votre projet, il est primordial de vous entourer de personnes qui vous aident à avancer.

Attention, cela ne veut pas dire qu'elles vont systématiquement trouver toutes vos idées géniales et vous dire de foncer car elles ont totalement confiance en vous et sont persuadées que vous réussirez tout ce que vous entreprenez !

Vous avez besoin de vous entourer de personnes qui vont bien évidemment vous encourager, souligner tout ce qu'il y a de positif dans votre projet, vous apporter leur soutien moral et vous montrer qu'elles croient en vous... mais aussi qui vont savoir vous titiller au bon moment, quand vous en avez besoin. En vous posant des questions constructives, non pas pour remettre en cause vos idées mais pour les challenger et vous permettre d'en faire émerger de nouvelles.

Vous avez forcément dans votre entourage des personnes qui peuvent assurer cette fonction. L'important est de bien les identifier et de vous rapprocher d'elles si nécessaire.

Lorsque l'on se lance dans un projet, il est souhaitable d'avoir près de soi une ou plusieurs « personnes ressources », qui sauront vous aider dans les moments difficiles (car il y en aura !). Elles sauront vous écouter avec sincérité, sans jugement hâtif ni conseil simpliste, en particulier quand vous serez submergé par vos émotions.

À vous de jouer : identifiez votre noyau dur

Quelles sont les personnes qui vous tirent vers le haut ? Que vous apportent-elles ?

Les voyez-vous suffisamment ? Sinon, que pouvez-vous faire pour y remédier ?

Nous vous invitons à les remercier, de manière explicite et personnalisée, en leur précisant les raisons de votre gratitude.

Je tiens à distance les personnes qui me tirent vers le bas

Tout comme nous vous invitons à identifier les personnes qui vous aident à avancer, afin de faire en sorte de vous rapprocher d'elles, il est important d'identifier celles qui ont un effet négatif sur votre projet, pour faire en sorte de les tenir à distance.

Il n'est pas toujours facile de discerner les personnes qui nous tirent vers le bas, surtout lorsque nous avons un lien affectif fort avec elles. Pour cela, soyez à l'écoute de vos ressentis : si, chaque fois que vous déjeunez avec votre sœur, vous avez un léger cafard l'après-midi et l'impression que vous n'arriverez jamais à vous lancer, il vous faut repérer le signal d'alerte et agir en conséquence !

Lorsque vous identifiez une personne qui vous freine ostensiblement dans vos projets, vous avez trois possibilités, en fonction de la nature du lien qui vous unit : le dialogue, la rupture ou l'évitement, la prise de recul.

- **Le dialogue**
Nous préconisons bien sûr toujours le dialogue comme première étape si la personne est importante pour vous ! Exprimez votre ressenti, sans chercher à la culpabiliser, et surtout proposez des solutions en exprimant clairement ce que vous attendez d'elle. Par exemple : « Je comprends que tu t'inquiètes pour moi et cela me touche. Ce dont j'ai besoin aujourd'hui, c'est de savoir que je peux compter sur toi pour me soutenir dans mes décisions. »

En effet, de nombreuses personnes bien intentionnées ne mesurent pas les effets dévastateurs de leurs bonnes intentions.

Gare aux bonnes intentions !

Claire encadre une équipe de techniciens dans une grande entreprise depuis 4 ans. Elle souhaite évoluer vers un nouveau poste et travaille pour cela avec une coach.
Elle envisage dans un premier temps de rester dans le même domaine, en changeant de zone géographique. Mais très vite, elle change d'avis, ses proches lui ayant fait remarquer que cela risquait d'être un peu compliqué pour elle en termes de temps de trajet et de gestion des contraintes familiales.
Claire envisage alors de s'orienter vers les RH… et sa coach constate qu'elle a les yeux qui brillent lorsqu'elle lui parle d'un poste qu'elle a repéré. Mais à la séance suivante, Claire

annonce qu'elle a changé d'avis, son chef lui ayant dit que les fonctions RH n'étaient intéressantes qu'à partir d'un certain niveau de responsabilités qu'elle n'avait pas encore.
En fait, Claire manque cruellement de confiance en elle et son entourage, toujours bien intentionné, fait en sorte de la maintenir dans un environnement protégé, en la dissuadant de tout changement. Dès qu'une personne lui tient un propos l'incitant à ne pas bouger, Claire se l'approprie sans le remettre en cause (d'autant plus facilement qu'elle sent que la personne lui veut du bien) et décide de ne pas agir.
Le coaching permet à Claire de prendre conscience de cela et de demander à ses proches de la soutenir dans son souhait d'évoluer. Quelques mois plus tard, elle rejoint les équipes RH de son entreprise.

- **La rupture ou l'évitement**

Si le dialogue ne fonctionne pas et qu'il s'agit d'une personne avec laquelle vous n'avez pas de lien affectif fort, vous pouvez tout simplement prendre vos distances, voire cesser complètement de la voir.

- **La prise de recul**

Si le dialogue ne fonctionne pas et qu'il s'agit d'une personne vraiment importante pour vous, comme vous ne pouvez pas la changer malgré elle, il va falloir vous adapter ! Le mieux est alors de prendre du recul par rapport à ses attitudes envers vos projets. Vous savez qu'elle ne sera pas un soutien, il ne reste plus qu'à lui mettre des limites qui vous permettront de préserver votre relation. Évitez de lui parler de vos projets, changez rapidement de sujet si elle se met d'elle-même à vous en parler, voire mettez fin à la conversation avec fermeté : « Je sais que tu ne me soutiens pas dans mes projets et je respecte tes raisons. Pour autant, c'est une décision qui m'appartient et je n'ai pas envie d'en parler avec toi. »

Je retourne mes détracteurs

Comme le souligne Adam Grant[1], « l'expérience suggère qu'on devrait se séparer de ses faux amis et tenter de retourner ses ennemis ».

En effet, lorsque nous parvenons à rallier à nos côtés un ancien détracteur, celui-ci devient un excellent allié pour persuader les autres : après tout, il a fait lui-même le cheminement qu'ils vont devoir faire.

Nous verrons à la fin de ce chapitre quelques clefs permettant de se montrer convaincant. Sans gaspiller votre énergie à tenter de convaincre ceux qui ne veulent absolument pas être convaincus, tâchez d'identifier parmi vos adversaires ceux qui sont susceptibles de changer d'avis… et ralliez-les à votre cause !

Je demande de l'aide

Pourquoi est-il parfois si difficile de demander de l'aide ? Là encore, tout dépend de notre personnalité, de l'éducation que nous avons reçue et des expériences que nous avons vécues. Quoi qu'il en soit, il existe plusieurs fausses croyances très répandues qui font que l'on hésite souvent beaucoup avant d'oser demander de l'aide. Nous allons en passer quelques-unes en revue, afin de les remplacer par des croyances constructives !

Fausse croyance n° 1 : demander de l'aide me fait passer pour une personne faible

Demander de l'aide, c'est montrer que l'on connaît ses faiblesses et qu'on les assume. Oser se montrer aux autres tel que l'on est, sans chercher à embellir la réalité, démontre que l'on est en accord avec soi-même et que l'on a une bonne estime de soi. En effet, seule une personne dont l'estime de soi est fragile se laisse ébranler lorsqu'elle rencontre des difficultés à accomplir une tâche.

Savoir demander de l'aide est donc plutôt le signe d'une force de caractère qui ne craint pas le jugement de l'autre. Il n'est alors pas question de « ravaler sa fierté », bien au contraire : si j'ose demander de l'aide, c'est parce que je sais que j'ai de la valeur et que je mérite d'être aidé.

1. *Op. cit.*

Je m'intéresse plus à l'atteinte de mes objectifs qu'à la protection d'une image de moi trop fragile.

Je remplace donc cette fausse croyance par la suivante : « Demander de l'aide montre aux autres que je suis bien dans mes baskets. »

Je ne suis pas fou !

Alexandre a 38 ans et a toujours été un célibataire endurci... jusqu'à sa rencontre avec Émilie il y a quatre ans. Ils filent tous les deux le parfait amour, à un « détail » près : Émilie désire fonder une famille, ce à quoi Alexandre est farouchement opposé.

Alexandre est lucide sur ses motivations : son père a toujours regretté d'avoir eu des enfants. Il s'est en outre montré violent envers sa sœur et lui pendant leur enfance, jusqu'à ce qu'il abandonne le domicile familial. Pas question pour Alexandre de reproduire ce schéma, il ne veut pas d'enfant, point barre.

Émilie est pourtant convaincue qu'Alexandre s'épanouirait dans la paternité : il n'y a qu'à voir à quel point il est fou de sa nièce... Elle l'incite à consulter un psychologue pour se confronter à ses blessures d'enfance, mais la réponse d'Alexandre est sans appel : « Les psys, c'est pour les fous et je ne suis pas fou ! »

Bien que très amoureuse d'Alexandre, Émilie n'est pas prête à renoncer pour lui à son désir d'enfants. La mort dans l'âme, elle finit par le quitter.

Pour Alexandre, c'est l'électrochoc. Il réalise qu'il ne veut pas perdre Émilie, qu'il aspire à fonder une famille lui aussi..., mais qu'il a besoin d'aide pour trouver le courage d'endosser le rôle de père. C'est en adulte sûr de lui qu'il commence un travail avec une thérapeute, bien décidé à se libérer de ses démons pour vivre la vie qu'il souhaite avec la femme qu'il aime.

Fausse croyance n° 2 : mieux vaut garder ses problèmes pour soi

Garder ses problèmes pour soi est la meilleure façon de les amplifier et de les dramatiser. Lorsque les problèmes sont lourds, c'est d'ailleurs ce qui mène tout droit à la dépression.

Demander de l'aide, que cela soit sous forme d'avis, de conseils ou d'actes, permet d'ancrer nos problèmes dans la réalité du quotidien, et disposer de différents points de vue nous permet d'envisager des pistes de solutions que nous n'aurions pas trouvées tout seul. Il ne s'agit en aucun cas de refiler la patate chaude au voisin.

En effet, demander de l'aide, ce n'est pas forcément attendre de la personne sollicitée qu'elle règle elle-même nos soucis d'un coup de baguette magique, c'est lui demander une contribution à la hauteur de ses capacités, pour nous permettre d'avancer dans le bon sens.

Je remplace donc cette fausse croyance par la suivante : « Partager mes problèmes me permet de les rendre plus légers à porter. »

Fausse croyance n° 3 : demander de l'aide embête la personne que l'on sollicite

S'il y a un besoin particulièrement répandu chez l'être humain, c'est bien celui de se sentir utile ! Demander de l'aide à une personne est donc une bonne façon de la valoriser : non seulement je considère qu'elle est compétente, mais, en plus, je lui accorde ma confiance et mon estime.

Bien sûr, je dois garder en tête que mon interlocuteur n'est pas obligé d'accepter ma demande si cela le dérange. Mais globalement, savoir demander de l'aide renforce les liens sociaux et affectifs.

Je remplace donc cette fausse croyance par la suivante : « Demander de l'aide valorise la personne que je sollicite. »

Concrètement, comment demander de l'aide ?

Quelques étapes clefs vous permettront de passer à l'action de manière efficace.

Tout d'abord, il faut **bien identifier votre besoin**.

En effet, celui-ci doit être raisonnable ! Vous ne pouvez pas demander à un ami qui habite dans un studio de 20 m^2 de garder chez lui vos trois labradors pendant le mois d'août…

Ensuite, vous devez **bien choisir la personne** à qui vous demandez de l'aide.

S'il est logique de solliciter une personne que l'on estime compétente, pensez à vous demander si elle aura plaisir à vous rendre ce service. Car savoir faire et aimer faire, ce n'est pas la même chose. Si la personne que vous sollicitez a non seulement les compétences mais également les appétences requises, vous augmentez vos chances qu'elle accepte de vous aider et vous maximisez le bénéfice relationnel.

Veillez ensuite à **formuler clairement votre demande**.

Quelle que soit la bonne volonté de la personne que vous sollicitez, elle ne pourra pas vous aider si elle ne comprend pas ce que vous attendez d'elle. Ne tournez pas autour du pot, cela donnerait l'impression peu rassurante que vous n'assumez pas votre demande. Soyez net et précis et invitez votre interlocuteur à vous poser des questions de clarification s'il le souhaite.

Par ailleurs, **acceptez la possibilité qu'on vous oppose un refus**.

La personne que vous sollicitez doit se sentir libre d'accepter ou pas de vous aider. Si elle refuse, ne le prenez pas personnellement : ce n'est pas vous qu'elle rejette mais la tâche que vous lui avez demandé d'accomplir. Et surtout, ne lui demandez pas d'explications excessives ; vous lui donneriez alors l'impression qu'elle doit se sentir coupable et se justifier, ce qui serait très pénalisant dans votre relation.

Vous êtes libre de...

Les psychologues sociaux ont démontré que, en faisant explicitement appel au sentiment de liberté de notre interlocuteur, nous augmentons nos chances de le voir se comporter conformément à nos attentes. Ce phénomène a été particulièrement mis en évidence dans une étude[2] de

2. « La Technique "Vous êtes libre de..." : induction d'un sentiment de liberté et soumission à une requête ou le paradoxe d'une liberté manipulatrice », 2002, in *Revue Internationale de Psychologie sociale*.

> Nicolas Guéguen et Alexandre Pascual (2000) : après avoir demandé à des passants « un peu de monnaie pour prendre le bus », ils ajoutent, pour certains d'entre eux, la simple phrase « Mais vous êtes libre d'accepter ou de refuser. » Non seulement les passants sont plus nombreux à accepter avec cet ajout, mais en plus ceux qui acceptent donnent en moyenne une somme deux fois plus élevée qui correspond en gros au prix du ticket de bus (soit le service demandé). Une autre de leur recherche, réalisée en 2002, a montré que l'on pouvait tabler sur cette technique pour augmenter les visites d'un site Web, en remplaçant le traditionnel « cliquez ici » par « vous êtes libre de cliquer ici ».

Enfin, **remerciez avec sincérité**.

Il est important d'aller au-delà d'un simple « merci ». Exprimez votre gratitude à la personne qui vous a aidé en lui indiquant ce que son action vous a apporté de manière aussi concrète que possible. Par exemple : « Je te remercie beaucoup de m'avoir aidé à rédiger mon mail de prospection, car j'avais du mal à trouver les mots justes. Grâce à toi, j'ai gagné du temps et je me sens soulagé d'avoir terminé ! »

À vous de jouer : à l'aide !

Commencez par identifier un sujet pour lequel un petit coup de main vous serait salutaire dans votre projet :

....

Listez maintenant les personnes que vous pourriez solliciter et pourquoi :

.... car ....

.... car ....

.... car ....

.... car ....

.... car ....

.... car ....

.... car ....

Choisissez-en une et passez à l'action. Si elle refuse, acceptez la situation et sollicitez une autre personne que vous avez identifiée.

Lorsqu'une personne vous rend service, observez sa réaction : il est fort probable qu'elle soit ravie de vous aider !

Nous espérons vous avoir donné envie de demander de l'aide à votre entourage. Réciproquement, il arrive certainement que vous soyez sollicité... et vous n'avez sans doute pas toujours envie d'accepter. Or, savoir refuser n'est pas toujours chose facile.

J'ose dire « non »

Pourquoi est-il si difficile de dire non ?

Dire « non » est difficile pour trois raisons qui renvoient à des sujets que nous avons déjà abordés dans ce livre : nos peurs, nos croyances et notre estime de nous.

Lorsque nous voulons opposer un refus, nous avons peur d'entrer en conflit avec la personne qui nous a sollicité, peur d'être jugé (« quel égoïste ! »), peur de déplaire, peur de blesser... Bref, peur de ne plus être aimé et d'être rejeté.

Selon l'éducation que nous avons reçue, nous sommes également confrontés à des croyances variées telles que :
- dans la vie, il faut être gentil et faire plaisir aux autres ;
- il est impoli de refuser ;
- mon avis n'a pas d'importance ;
- c'est égoïste de penser à soi.

Enfin, lorsque l'on a une faible estime de soi, on a tout simplement tendance à penser qu'on n'a pas le droit de refuser (ou, *a minima* qu'on n'en est pas capable) : « Qui suis-je pour oser dire non à cette personne (qui vaut plus que moi) ? »

Le seul problème, c'est qu'à ne jamais oser dire non, on finit par s'oublier soi-même.

« Lorsque vous dites "oui" aux autres, assurez-vous que vous ne dites pas "non" à vous-même[3] »

Si vous avez envie de dire « non », ça n'est pas par égoïsme ou par méchanceté, mais parce que ce refus vous permet de dire « oui » à une autre chose, plus importante pour vous.

Si vous hésitez à accepter, prenez votre temps pour répondre, en demandant si nécessaire un délai de réflexion.

Si vous souhaitez refuser mais que cela vous met mal à l'aise, faites part de vos émotions à votre interlocuteur : « J'ai peur que tu sois vexé si je refuse/peur que tu m'en veuilles... »

Donnez quelques explications pour que la personne comprenne votre refus... sans tomber dans l'excès de justification ! Vous n'avez pas à culpabiliser et, si votre interlocuteur essaye de vous emmener sur cette voie, coupez court à la conversation.

On croit parfois qu'exprimer un refus va donner une mauvaise image de nous, alors que c'est souvent l'inverse. Quand le refus est exprimé clairement et justifié simplement, il incite souvent au respect.

Et, bien sûr, vous pouvez proposer des solutions alternatives, qui montreront à votre interlocuteur que vous avez à cœur de l'aider, même si vous ne pouvez pas lui rendre le service qu'il vous a demandé.

Et dans les cas extrêmes...

Il est possible que vous ayez en face de vous une personne mal intentionnée, ou qui a du mal à voir au-delà de son propre besoin... Elle peut alors chercher à vous forcer la main.

3. Paulo Coelho, écrivain.

Nous vous proposons alors deux techniques qui vous aideront à rester ferme :

- La première est celle « du disque rayé » : elle consiste à répéter le même refus plusieurs fois de suite, en restant calme, sans le moindre énervement, jusqu'à ce que notre interlocuteur comprenne ou abandonne l'idée de nous convaincre. Par exemple : « Non » ; « Je suis désolé mais c'est non » ; « J'ai bien compris ton besoin, mais c'est vraiment non »...
- La deuxième technique est celle « du brouillard » : particulièrement efficace contre les manipulateurs, elle consiste à éviter de répondre de façon précise. Vous ne dites ni oui ni non mais restez évasif, avec des expressions telles que « peut-être », « pourquoi pas », « sans doute », « si tu le dis », « j'imagine »...

Maintenant que vous disposez de toutes les clefs pour vous entourer des bonnes personnes et que vous êtes prêt à leur demander de l'aide tout en respectant vos propres besoins, il est nécessaire de les convaincre de vous suivre dans votre projet !

Je me montre convaincant

J'établis le contact

Toutes les études démontrent que ceux qui réussissent ont le don de créer des rapports de sympathie[4]. Si c'est un talent que vous possédez déjà, nous espérons que vous avez conscience de votre chance ! Si cela n'est pas le cas, ne croyez surtout pas qu'il faille vous résigner : comme beaucoup de facultés, celle de créer du lien facilement s'acquiert par le travail et l'entraînement.

Si vous voulez creuser le sujet, il existe des livres adaptés (comme celui de Nicolas Boothman auquel nous faisons référence). Nous vous proposons ici quelques clefs toutes simples, qu'il vous suffira ensuite de mettre en pratique de manière régulière pour observer des résultats probants :

- S'ouvrir : prêtez attention aux personnes autour de vous. Certaines ont l'air fermé, d'autres pas... Quelles sont celles avec lesquelles vous pourriez engager la conversation ?

4. Nicolas Boothman, *Convaincre en moins de deux minutes*, éditions Marabout, 2007.

- Regarder dans les yeux et sourire : c'est la base pour nouer le contact, avant toute parole !
- Écouter : une fois que la conversation est engagée, soyez à l'écoute de votre interlocuteur. Tous les bons vendeurs savent qu'écouter un client permet non seulement de lui faire prendre conscience de l'importance qu'il a pour eux (ce qui le met dans un état d'esprit ouvert et positif à leur égard), mais également de récolter de précieuses informations sur lui, qui leur permettront ensuite de dispenser un argumentaire personnalisé, et donc plus efficace.

À vous de jouer : souriez !

Nous vous proposons un petit exercice qui a pour objectif de vous faire prendre conscience du pouvoir d'un simple sourire.

Identifiez une personne que vous ne connaissez pas, mais qui a l'air particulièrement renfrognée (par exemple un commerçant, un garçon de café ou un voisin de RER). Souriez-lui chaque fois que vous lui parlez ou tout simplement quand vous croisez son regard. Ne vous laissez pas décourager si elle reste de marbre, voire si elle vous regarde bizarrement, persévérez dans l'amabilité extrême... et vous verrez que, dans la grande majorité des cas, vous récolterez finalement un sourire et des propos aimables.

Je joue sur les trois leviers de la persuasion

La persuasion est rendue possible par la présence d'au moins un des trois facteurs suivants : la confiance, la logique et les émotions.

Pour inspirer **confiance**, vous pouvez vous appuyer sur un titre, un diplôme, des références, une réputation, des relations... À vous de voir en fonction de ce dont vous disposez !

Le premier contact est également très important : un regard fuyant ou, au contraire, une posture trop directive ne donneront pas très envie à votre interlocuteur d'aller plus loin.

Votre discours doit ensuite reposer sur un argumentaire **logique** : qu'il s'agisse de faits ou d'opinions, votre interlocuteur doit pouvoir vous suivre dans votre raisonnement.

Que lui proposez-vous exactement ? Quels bénéfices va-t-il en retirer ?

Invitez-le à vous poser toutes les questions qu'il souhaite et, surtout, préparez à l'avance des réponses aux principales objections qu'il pourrait vous faire.

Enfin, pour toucher votre interlocuteur, vous devez faire appel à ses **émotions**. Racontez-lui une histoire (la vôtre ?), faites appel à son imagination... C'est en l'entraînant sur la dimension émotionnelle que vous l'impliquerez réellement et ferez la différence.

Quel que soit votre projet, vous devez vous assurer que votre façon de le présenter aux autres inclut bien ces trois dimensions.

À vous de jouer : 1, 2, 3

Choisissez un projet qui vous tient à cœur, puis identifiez une personne précise que vous souhaitez convaincre de l'intérêt de votre projet et établissez un argumentaire qui utilise les 3 leviers de la persuasion.

Pour y parvenir, posez-vous les questions suivantes :

1. Pour quelles raisons mon interlocuteur va-t-il me faire confiance ?
2. Quels sont les faits sur lesquels je vais m'appuyer pour le convaincre de l'intérêt de mon projet ? Que va-t-il en retirer ? Quelles sont les principales objections qu'il risque de m'opposer et que puis-je lui répondre ?
3. Quelles sont les émotions que je souhaite susciter en lui ? Comment vais-je m'y prendre pour cela ?

Je communique, je communique et je communique encore !

La plupart du temps, nous ne communiquons pas suffisamment sur nos idées, car elles nous sont si familières que nous pensons que nos interlocuteurs vont spontanément les comprendre et y adhérer.

Pourtant, vous devrez souvent communiquer de manière répétée sur la même idée, à des intervalles de temps réguliers, pour lui laisser le temps de faire son chemin dans l'esprit des gens. La façon dont vous présentez vos idées évolue d'ailleurs au gré des retours que vous font les gens, vous devenez ainsi de plus en plus convaincant.

N'ayez pas peur de vous répéter ou de lasser, la répétition fixe la notion.

Nous disposons aujourd'hui d'une multitude de moyens de communication : face-à-face, téléphone, mail, SMS, réseaux sociaux, prospectus, vidéos... À vous de choisir ceux qui conviennent le mieux à votre personnalité et à la nature de vos projets !

Je contre-argumente de manière constructive

Rappelons ici la troisième loi de Newton, qui définit les interactions : « Toute action suscite une réaction opposée de force égale. »

Eh bien, cette loi s'applique également aux relations humaines ! Si vous souhaitez changer quelque chose qui concerne d'autres personnes, attendez-vous à rencontrer de la résistance. Ne commettez pas l'erreur de vous lancer dans des contre-argumentations vindicatives ou de chercher à démolir vos détracteurs, vous renforceriez l'intensité de leur résistance. Au contraire, montrez-leur que vous appréciez leurs avis à leur juste valeur et que vous les prenez en compte : rien de tel que de commencer votre réponse par une phrase du style « Vous avez raison ! D'ailleurs... »

Il ne s'agit nullement de manipulation mais plutôt de tolérance et de lucidité : à moins que vous ayez en face de vous un imbécile ou une personne malveillante, il y a forcément du fond dans son objection. Il serait donc idiot de la rejeter en bloc, mieux vaut souligner en quoi votre manière de voir les choses prend le problème en considération et lui apporte justement une solution.

Il peut être intéressant de répondre à votre tour par une question qui invite votre interlocuteur à envisager sous un autre angle sa propre objection.

C'est bien beau dans un monde idéal, mais dans la vraie vie...

Lorsque l'on est conférencier, mieux vaut savoir réagir aux questions et remarques du public ! En effet, il arrive qu'un participant remette en cause un de nos propos et il n'est

pas question de le rembarrer en lui expliquant pourquoi nous sommes mieux placées que lui pour savoir ce qu'il en est[5].
Nous écoutons avec attention toutes les questions qui nous sont posées et y répondons avec sincérité, tout en maintenant notre cap.
Par exemple, nous avons été récemment interpellées de la sorte lors d'un atelier sur l'optimisme : « Ce que vous dites, c'est bien beau dans un monde idéal, mais dans la vraie vie, quand on a des collègues qui voient toujours tout en noir, c'est impossible de rester optimiste dans la durée ! » Ce à quoi nous avons répondu : « Vous avez raison, dans un monde idéal tout le monde serait optimiste et ça serait drôlement facile... Dans la vraie vie, cela demande plus de travail. Pensez-vous que vos collègues pessimistes attendent de vous que vous le deveniez vous aussi ? »

Si vous avez conscience des points faibles de votre projet, il peut être intéressant de commencer votre argumentaire en soulignant ces mauvais côtés.

En effet, cela présente de multiples avantages : vous désarmez les critiques, inspirez confiance, avez l'air malin, et permettez à votre auditoire de rester sur les aspects positifs à la fin de votre présentation.

5. En tant que spectatrices, il nous est arrivé de voir un conférencier rabrouer une participante. Même si nous étions plutôt d'accord avec lui sur le fond, nous avons été choquées par cette attitude : outre le fait qu'être le plus « sachant » sur un sujet ne garantit pas d'avoir raison dans l'absolu, cela ne légitime surtout jamais le fait de manquer de respect à une personne.

À vous de jouer : débattez !

Voici un exercice qui se pratique à deux. Choisissez une personne de confiance et entraînez-vous à débattre ensemble sur des sujets de désaccord, avec deux uniques contraintes :

- ne jamais dénigrer le point de vue de l'autre ;
- ne jamais employer le mot « mais » (sur ce point, nous vous suggérons la petite astuce suivante : essayez de le remplacer par le mot « et ». C'est possible dans 90 % des cas et l'effet est bien plus constructif !)

Cette expérience vous permettra d'apprendre à apprécier l'opinion de vos adversaires et vous montrera qu'il est toujours possible de trouver des points d'entente.

Une fois que vous êtes rodé à ce type d'exercice, mettez-le en pratique avec votre projet. Vous serez encore mieux préparé à le défendre et à passer à l'action !

L'essentiel de ce chapitre

- Pour réussir un projet, il est primordial de bien s'entourer, qu'il s'agisse de personnes qui vous ressemblent ou, au contraire, de profils complémentaires.
- Rapprochez-vous des personnes qui vous aident à avancer et tenez à distance celles qui vous tirent vers le bas, fût-ce avec de bonnes intentions.
- Si vous avez du mal à demander de l'aide, identifiez les fausses croyances qui vous freinent et osez formuler des demandes claires auprès des bonnes personnes.
- Développer votre capacité à dire non vous permettra de respecter vos besoins et de vous faire mieux respecter d'autrui.
- Enfin, en travaillant sur les 3 leviers de la persuasion (la confiance, la logique et les émotions), vous serez capable de mener des argumentaires convaincants.

CONCLUSION

Ces dernières années, nous avons constaté que beaucoup de personnes de notre entourage personnel et professionnel avaient envie de changer quelque chose dans leur vie mais hésitaient à se lancer.

Elles ont, bien sûr, toujours de bonnes raisons : « Je ne suis pas prêt, il faudrait que je me forme, et si je me plante comment vais-je m'en sortir ? »

Quand on y regarde de plus près, il y a parfois de quoi sourire. Nous avons, par exemple, entendu certaines femmes déclarer : « Si j'avais un conjoint, ça serait plus facile, mais là je suis toute seule pour élever mes enfants, je ne peux pas prendre de risque. » Tandis que d'autres affirmaient : « Si mon mari me soutenait, j'y arriverais, mais ça n'est pas le cas, je sens bien qu'il est réticent. » Et d'autres enfin se désolaient : « Mon mari me soutient, mais j'ai trop peur de le décevoir si je me plante ! »

À travers cet exemple, nous souhaitons vous faire prendre conscience de la chose suivante : vous seul pouvez décider de vous lancer.

Bien sûr, votre projet peut avoir des impacts sur votre vie familiale et il ne s'agit pas d'en exclure vos proches ou de prendre vos décisions seul. Les conséquences de vos décisions sont à envisager avec les personnes qu'elles vont impacter. Par exemple, si vous souhaitez quitter un emploi salarié pour vous mettre à votre compte, votre conjoint est-il d'accord pour assurer seul les charges familiales pendant une période de transition ? Si oui, quelle serait pour lui la durée acceptable de cette transition ? Si vous souhaitez accepter un emploi qui vous fera beaucoup voyager alors que la logistique familiale repose essentiellement sur vous aujourd'hui, quels sont les changements à mettre en œuvre pour que cela fonctionne ?

Quel que soit votre projet, il y a sans aucun doute beaucoup d'obstacles qui se dressent entre lui et vous. Mais il est peu probable qu'ils soient totalement insurmontables !

Un changement radical

Sylvie et Benjamin ont tous les deux fait de brillantes études. Aujourd'hui parents de trois enfants en bas âge, ils ont fait le choix suivant : Sylvie s'investit fortement dans sa carrière, tandis que Benjamin gère les sorties d'école et travaille à 80 %, afin de s'occuper des enfants le mercredi.

Un jour, Benjamin croise un copain de promo qui lui propose de rejoindre son entreprise. Le poste intéresse énormément Benjamin, mais il y a un hic : il devrait passer en moyenne une semaine par mois à l'étranger. Ce n'est pas envisageable pour Benjamin, qui sait bien que les fonctions de Sylvie l'empêchent de gérer les enfants toute seule une semaine par mois. Son ami lui demande quand même de prendre le temps d'y réfléchir, ce à quoi Benjamin s'engage.

Lorsqu'il aborde le sujet avec Sylvie, elle réagit bien sûr de la même façon que lui : impossible ! Les jours qui suivent, Benjamin peine à trouver le sommeil, il semble déprimé et s'énerve facilement après les enfants. Il réalise qu'il a besoin de ce changement : l'équilibre familial qu'ils ont construit ne lui convient plus.

Comprenant l'importance que cette proposition de poste revêt pour son mari, Sylvie change de posture : ils vont réfléchir ensemble et trouver une solution (en l'occurrence, ils finiront par recruter une jeune fille au pair).

Nous vous invitons ici à changer de perspectives sur ces obstacles, en remplaçant les pensées du type « je pourrai passer à l'action quand… » par « qu'est-ce qui se passera quand j'aurai déjà réussi à faire telle chose ? », « qu'est-ce que je peux faire dès à présent pour cela ? », « quand j'aurai réussi à arrêter d'hésiter, cela me permettra de… »

Vous avez toutes les clés pour agir ! Alors relevez le challenge 21 jours pour passer de l'hésitation à l'action ! La dernière partie vous accompagne pour que vous puissiez le relever avec succès.

PARTIE 3

21 jours pour passer de l'hésitation à l'action

CHAPITRE 10

Comment se déroule le challenge « 21 jours pour passer de l'hésitation à l'action » ?

« Commencez par le commencement, dit gravement le roi, et continuez jusqu'à la fin ; alors, arrêtez-vous. »

Lewis Caroll, *Alice au Pays des Merveilles*

Nous avons vu, dans les deux premières parties de ce livre, que nous avons toujours de bonnes raisons d'hésiter. Si l'objectif du challenge que nous vous proposons n'est pas de vous transformer en tête brûlée, il est des signaux d'alerte qu'il faut savoir repérer : si vous hésitez depuis longtemps, que cela vous rend parfois triste et vous donne l'impression de ne pas être à la hauteur, alors il est temps de passer à l'action !

Cette hésitation a certainement des avantages (vous n'êtes pas idiot, si vous hésitez c'est que vous y gagnez quelque chose), mais elle vous empêche d'atteindre un but important pour vous. Un changement de stratégie s'impose !

Peut-être avez-vous l'impression de ne pas être tout à fait prêt… Si vous lisez ce livre, nous sommes convaincues que vous l'êtes.

Une petite précision s'impose à ce stade. Nous ne sommes pas en train de vous dire que vous allez atteindre votre objectif, quel qu'il soit, en 21 jours (nous revenons sur ce point dans la suite de ce chapitre). Mais ce que nous vous garantissons, c'est le plaisir que vous allez ressentir à passer à l'action. Car l'important n'est pas tant l'arrivée que le chemin que vous allez parcourir, comme vous le constaterez dès le démarrage de ce challenge.

Pourquoi un challenge en 21 jours ?

Parce qu'il faut 21 jours pour changer une mauvaise habitude

Aux États-Unis, les challenges « 21 jours pour » sont assez courants. En France, ils ont été popularisés par Christine Lewicki, dans un premier temps à travers son blog, puis grâce à son best-seller *J'arrête de râler*[1] (que nous vous invitons à lire si vous souhaitez connaître tous les principes qui fondent la démarche).

L'idée de base sur laquelle s'appuient ces challenges est qu'il faut 21 jours à notre cerveau pour établir de nouvelles connexions neuronales permettant d'adopter de nouveaux automatismes. Pour nous débarrasser d'une mauvaise habitude, il faut donc tenir 21 jours d'affilée sans la laisser se manifester : notre cerveau apprend alors à la remplacer par un comportement vertueux et il nous sera ensuite plus facile de continuer ainsi le reste de notre vie.

Pour apprendre à mobiliser vos ressources

En vous appuyant sur les idées présentées dans les deux premières parties de ce livre, ainsi que sur le résultat des exercices que vous avez réalisés, le challenge « 21 jours pour passer de l'hésitation à l'action » va vous permettre de découvrir toutes les ressources grâce auxquelles vous oserez agir dorénavant.

Qu'il s'agisse de vos forces, de votre entourage, de vos rêves... C'est par la pratique que vous allez prendre conscience de tout ce dont vous disposez pour vous épanouir.

Notre challenge à toutes les deux

Quand on rêve à deux

Si vous interrogiez nos proches, ils vous diraient probablement que nous sommes des femmes d'action, certainement pas des hésitantes invétérées.

Et pourtant...

1. Christine Lewicki, *J'arrête de râler*, éditions Eyrolles, 2011.

En 2016, nous avons pris conscience que nous rêvions de devenir conférencières pour diffuser de l'optimisme autour de nous.

C'était un rêve un peu fou : non seulement cela semblait difficilement compatible avec nos contraintes familiales (nous avons 5 jeunes enfants à nous deux) et professionnelles (nous travaillions à l'époque à temps plein à la direction marketing d'un grand groupe français, aimions notre travail et n'envisagions absolument pas de démissionner) mais, de plus, nous n'avions aucune légitimité sur le sujet !

Alors nous rêvions ensemble, nous imaginant lancer notre entreprise de « coach, consultantes, conférencières en optimisme »... un jour... lorsque nos enfants seraient plus autonomes, lorsque nous aurions remboursé nos emprunts immobiliers et pourrions quitter notre emploi salarié, lorsque nous aurions suivi de nombreuses formations sur le sujet qui nous tenait à cœur... Bref, plus tard, toujours plus tard.

Mais voilà, à force de parler de ce projet (c'est un des gros avantages de rêver à deux !), nous avons commencé à nous demander si nous ne pourrions pas trouver des solutions pour nous lancer malgré tout. Sans mettre en péril ce que nous avions, sans renoncer à passer du temps en famille ou à nous consacrer à nos autres activités professionnelles.

Nous avons décidé de nous mettre en mouvement (le plus dur n'est-il pas de commencer ?) et d'entreprendre chaque jour une action qui nous rapprocherait un tant soit peu de notre but.

Nous avons pu constater que nous avions, presque à notre insu, appliqué la méthode des « 21 jours », en l'adaptant à notre façon. Et qu'à l'issue des 3 semaines, nous n'étions certes pas à la tête d'une multinationale mais le chemin parcouru était important et, surtout, la machine était en marche ! Nous nous sentions invincibles et bien décidées à continuer d'avancer...

Un an plus tard

Nous avons créé notre petite entreprise et donné notre première conférence un peu moins d'un an plus tard, alors que notre tout premier livre, *Cultiver l'optimisme* [2], était en cours de parution chez Eyrolles.

2. Delphine Luginbuhl et Aurélie Pennel, *Cultiver l'optimisme*, éditions Eyrolles, 2018.

Et la dynamique que nous avons amorcée nous accompagne encore aujourd'hui ! Car nous savons que, lorsque l'on souhaite réellement concrétiser un projet, l'important est de se lancer et d'avancer pas à pas dans la bonne direction.

Nous n'avions pas de temps à consacrer à notre projet ? Nous l'avons trouvé, chacune à notre façon, en renonçant à ce qui était moins essentiel dans notre vie.

Nous ne nous sentions pas complètement légitimes ? Après des mois passés à échanger avec des créateurs d'entreprise, à nous documenter sur l'optimisme, à rencontrer des spécialistes de psychologie positive, nous nous sommes rendu compte que nos connaissances et expériences faisaient de nous des expertes de l'optimisme. Nous avons alors écrit un livre qui nous a permis de nous faire connaître comme telles.

Nous ne voulions pas quitter notre emploi salarié ? Nous avons donné nos premières conférences au sein même de notre entreprise, avant de nous lancer à l'extérieur.

Nous n'essaierons pas de vous faire croire que cela a été facile tous les jours et que nous n'avons jamais eu peur d'échouer. Mais garder en tête notre ligne directrice consistant à agir chaque jour dans le bon sens nous a permis d'aller jusqu'au bout de notre projet.

Delphine témoigne

Lors d'une conférence de Jacques Lecomte sur les entreprises humanistes, j'ai recroisé deux personnes avec lesquelles je m'étais formée à l'Appreciative Inquiry. Alors que je leur exposais notre projet de donner des conférences sur l'optimisme, l'un d'eux m'affirma : « Pour donner des conférences, le mieux c'est vraiment d'avoir écrit un livre sur le sujet. C'est ce qui permet d'être légitime. »
Je racontai cet échange à Aurélie. L'idée d'écrire un livre nous faisait briller les yeux... mais comment trouver le temps pour cela ? Et même si nous parvenions à écrire un livre,

comment trouver un éditeur ? Bref, nous hésitions à mettre autant d'énergie dans un tel projet sans garantie de succès.
Alors nous avons pris le problème à l'envers : imaginons que nous ayons réussi à écrire un livre, comment ferions-nous pour trouver un éditeur ? Et dans le pire des cas, si nous ne trouvions pas d'éditeur, quelles étaient les solutions alternatives pour publier notre livre ?
Ce raisonnement nous a fait prendre conscience que nous n'avions pas de bonne raison d'hésiter : nous avions envie d'écrire ce livre, il nous rapprocherait de notre objectif final, il n'y avait plus qu'à appliquer notre challenge et passer à l'action.
Notre principale crainte concernait le temps que nous avions à consacrer à l'écriture du livre. Mais là encore, en mettant les petites actions les unes après les autres, cela n'a plus été un problème : nous avons trouvé chacune des façons différentes de libérer du temps pour écrire séparément (en ce qui me concerne, j'ai lu moins de romans et n'ai quasiment plus regardé de série télé pendant 6 mois) et avons instauré des rituels pour travailler ensemble de manière régulière (*a minima* deux pauses déjeuner par semaine, certaines se déroulant à la piscine, ce qui nous permettait de « brainstormer » en nageant la brasse coulée… Efficacité garantie ☺).

Je me fixe un objectif pour le challenge

Pourquoi un objectif bien déterminé ?

Parce qu'arrêter d'hésiter n'est pas une fin en soi, c'est un moyen pour arriver à réaliser les projets qui vous tiennent à cœur.

Pour vous lancer dans votre challenge « 21 jours pour passer de l'hésitation à l'action », vous devez donc vous fixer un objectif en rapport avec un projet : changer de travail, partir vivre à l'étranger, vous remettre au piano, déclarer votre flamme à l'élu de votre cœur qui ne le sait pas encore… À vous de voir par quoi vous voulez commencer. ☺

L'objectif que vous allez vous fixer doit cependant respecter quelques critères pour que le challenge soit efficace.

Au secours, j'ai trop d'idées

Conseillers d'orientation, parents, coachs et responsables de bilans de compétences savent combien nous appréhendons de manières différentes notre orientation ou notre avenir professionnel : là où certains manquent d'idées et sont à l'arrêt, d'autres foisonnent et ne savent plus par quel bout prendre les choses. Pour ces deux profils, le résultat est souvent le même : ils versent dans l'immobilisme.

Si vous avez acheté ce livre et en êtes arrivé à ce chapitre, c'est que vous avez probablement des envies non encore assouvies.

Comme celle de créer votre entreprise, d'écrire un livre de développement personnel, de monter un one-man show ou de faire une thèse sur l'utilisation de la petite cuillère en Chine rurale durant la dynastie des Ming (nota : si vous voulez notre avis, vous pouvez mener de front ces deux derniers projets ☺).

Devant tant de projets, l'enthousiasme peut parfois laisser la place à la frustration devant la difficulté de les réaliser tous de concert.

À vous de jouer : un peu d'introspection

Nous vous invitons à vous poser les questions suivantes :

Lesquels de ces projets vous tiennent particulièrement à cœur ?

Qu'est-ce qui sera le plus épanouissant pour vous : vous consacrer corps et âme à un gros projet et le mener à bien, ou vous investir dans une multitude de projets différents, que vous laisserez pour la plupart tomber en cours de route, mais qui vous apporteront tous une bonne dose de plaisir ?

La réponse à ces questions n'appartient qu'à vous. Mais si vous fourmillez vraiment d'idées diverses, vous faites probablement partie de ces personnes qui ont besoin de variété pour s'épanouir au quotidien.

Sachez que vous n'êtes pas seul : connaissez-vous les « *slashers* » ? Ce sont ces personnes, de plus en plus nombreuses, qui exercent plusieurs métiers. Ce phénomène de pluriactivité tire son nom de la barre de séparation oblique appelée slash (/), qui sert à énumérer ses divers titres sur les réseaux sociaux. L'un des *slashers* les plus célèbres est Karl Lagerfeld, qui cumule les activités de photographe/directeur artistique/vidéaste, patron de librairie et... grand couturier ! En 2016, 16 % des actifs entre 18 et 65 ans étaient identifiés par le ministère du Travail comme des slashers, soit 4,5 millions de personnes.

Cependant, à déborder d'idées et d'énergie, le plus dur sera parfois d'accepter le regard des autres. À la question : « Et alors, tu en es où au fait de ton projet de livre sur un régime à base de petits pois ? », il faudra apprendre à répondre en gardant la tête haute : « Nulle part, ces deux derniers mois je me suis plutôt consacré à la découverte d'un nouveau logiciel de retouche photo, mais j'y reviendrai dès que j'aurai fini mon stage d'hypnose de rue. » Parfois même, il vous faudra également admettre que vous avez renoncé ou que vous devez le faire...

Hugo Lloris, champion du monde de quel sport ?

Nous connaissons tous Hugo comme le capitaine de l'équipe des champions du monde 2018 de football. Nous savons moins qu'il était doué, enfant, dans un autre sport : le tennis ! Hugo rapporte qu'il a tenu une raquette de tennis dès son plus jeune âge mais que, à 10 ans, il a dû faire un choix, tant le sport de haut niveau demande du temps. Le critère qui a poussé Hugo à préférer le ballon rond à la raquette, c'est le collectif...

Pour mener le challenge que nous vous proposons, il vous faudra choisir un projet vraiment important pour vous.

Je choisis un objectif qui me tient à cœur

Il n'y a pas d'objectif meilleur qu'un autre, l'important est que vous ayez vraiment envie de l'atteindre !

Pour réussir votre challenge, il va vous falloir beaucoup de volonté. Il est donc important que cet objectif soit bien le vôtre, et non pas le reflet de ce que vous pensez devoir accomplir pour faire plaisir à d'autres.

Votre objectif peut être très raisonnable, afin de vous permettre de prendre confiance en vous : rien ne vous oblige ici à vous lancer un challenge dont l'ambition vous effraie avant même de commencer.

Mais il peut aussi être totalement déraisonnable si vous le souhaitez !

Dans son livre *Wake Up !*[3], Christine Lewicki nous invite à changer de point de vue sur la petite voix intérieure qui voudrait nous faire enterrer nos projets les plus prometteurs : « Je voudrais vous inviter à renverser cette tendance et à vous servir, au contraire, de votre petite voix négative comme d'un indicateur que, sous vos limites, se cache une pépite. Si vous avez une idée et qu'immédiatement derrière vous vous retrouvez à penser que "c'est vraiment n'importe quoi", alors soyez en alerte ! Ce "n'importe quoi" est un indicateur que vous êtes en train de toucher du doigt quelque chose d'important pour vous. »

Nous aimons beaucoup cette idée. Car cette petite voix, sous couvert de nous ramener à la raison, nous coupe les ailes. Et comme il est très difficile de la faire taire, pourquoi ne pas tenter de l'écouter autrement, pour s'en faire une alliée ?

À vous de jouer : j'écoute autrement ma petite voix

Reprenez votre liste de rêves faite dans le chapitre 2. Quels sont ceux pour lesquels votre petite voix se manifeste haut et fort ? Pour chacun d'entre eux, posez-vous les questions suivantes :

- Ai-je vraiment envie de réaliser ce rêve-là pour l'instant ?
- Quels arguments ai-je à opposer à ma petite voix ?
- La virulence de ma petite voix n'est-elle pas proportionnelle à l'enjeu que représente mon rêve ?

3. *Op. cit.*

Je choisis un objectif clair, formulé positivement, ambitieux… et atteignable !

Il est plus facile d'arriver à destination quand on a une carte de la route entre les mains et nous vous proposons de travailler ici sur votre but. Pour être opérant, votre objectif doit être formulé positivement et de manière suffisamment claire et précise.

Prenons quelques exemples :

1. L'assertion : « Je ne veux pas retourner travailler au marketing après mon congé maternité » n'est pas un objectif formulé positivement. Il dit ce que vous ne voulez pas faire mais pas ce que vous souhaitez.
2. « Je voudrais changer pour faire de l'humanitaire » est insuffisamment précis. C'est un début d'objectif mais il doit être complété pour préciser le domaine d'activité : les ONG ont autant besoin de logisticiens que de médecins, par exemple.

Pour fixer ce fameux objectif, gardez en tête qu'il doit être ambitieux mais surtout pas inatteignable !

Kurt Lewin, chercheur américain en psychologie, a travaillé dans les années 1940 sur le « niveau d'aspiration » que l'on peut définir comme « le niveau de performance qu'un individu s'efforce d'atteindre sur une tâche qui lui est familière[4] ». Le niveau d'aspiration décroît lorsque nous sommes confrontés à l'échec et augmente devant la réussite. Plusieurs études ont observé que les personnes se fixant des objectifs réalistes avaient des taux de réussite supérieurs à la moyenne, tandis que ceux qui se fixaient des objectifs extrêmement élevés ou trop faibles avaient des taux de réussite inférieurs.

Peu importe l'échéance de mon projet

Que vous choisissiez un objectif à court ou à long terme, l'important est de vous engager sur le bon chemin.

Si vous choisissez un objectif à court terme, il est même possible que vous l'atteigniez avant la fin des 21 jours… Dans ce cas, c'est formidable ! Vous pouvez enchaîner directement sur un autre objectif, pour garder votre belle dynamique et bien roder votre cerveau.

4. *In* Fabien Fenouillet, *La motivation*, éditions Dunod, 2017.

À l'inverse, si vous choisissez un objectif à plus long terme, vous atteindrez au bout de 21 jours une étape intermédiaire, et vous aurez pris de nouvelles habitudes qui vous permettront de rester dans l'action, jusqu'au résultat final (comme nous l'avons illustré avec notre challenge sur l'optimisme).

Dans tous les cas, vous savourerez les différentes étapes qui s'offriront à vous. Car vous lancer sera toujours bien plus épanouissant que de rester dans l'inaction.

Et si mon projet n'est pas très précis ?

N'attendez pas de disposer d'un projet ultra-précis pour passer à l'action si vous en ressentez le besoin, l'important est de savoir dans quelle direction vous voulez avancer.

Et si votre projet est vraiment trop flou pour vous permettre de vous lancer, justement parce que vous hésitez entre plusieurs options... alors pourquoi ne pas tenter un challenge « 21 jours pour définir mon projet » ?

En coaching, la définition des objectifs que la personne accompagnée souhaite atteindre nécessite parfois plusieurs séances, car c'est justement le flou dans lequel elle se trouve par rapport à son besoin qui l'a poussée vers le coaching. L'idée est d'agir pour démarrer votre projet !

À vous de jouer : mon projet pour ce challenge « 21 jours »

....

....

....

....

....

....

....

21 jours pour agir

Je passe à l'action !

Le principe de ce challenge est simple : vous allez devoir, pendant 21 jours d'affilée, réaliser une action qui aille dans le sens de votre projet.

Tous les soirs, vous noterez dans ce livre la date du jour, ainsi que l'action (ou les actions) que vous avez réalisée(s) dans la journée.

Si vous ne tenez pas 21 jours d'affilée, pas de panique ! Tenir le challenge dans la durée est un peu comme arrêter de fumer : la plupart des gens n'y parviennent qu'après plusieurs essais. Certes, il vous faut remettre les compteurs à zéro mais les premiers pas accomplis vous permettront d'aller plus loin la fois d'après : cela ne doit surtout pas vous faire culpabiliser ou perdre confiance en votre capacité à réussir ce challenge.

S'il vous arrive de réaliser en fin de journée que vous n'avez pas accompli votre action du jour, vous avez deux solutions : soit vous recommencez à zéro le décompte des 21 jours, soit vous faites une petite action avant de vous coucher ! Eh oui, même une petite action qui pourrait sembler insignifiante dans un autre contexte aura de la valeur pendant votre challenge.

Les trois bonnes choses d'Élodie

Mon amie Élodie a découvert l'exercice des « 3 bonnes choses » (que vous avez également pu découvrir dans le chapitre 4 de ce livre) en lisant notre livre *Cultiver l'optimisme* et m'a fait ce retour que j'ai trouvé particulièrement pertinent : lorsqu'elle arrive à la fin de sa journée et ne parvient pas à se remémorer trois vrais bons moments, elle fait en sorte de s'en octroyer un avant de se coucher. Elle apprécie particulièrement cette nouvelle habitude !

Vous appréhendez peut-être de démarrer ce challenge, car il est difficile de vous lancer. Sachez cependant que, lorsque vous allez commencer, vous serez porté par l'euphorie qui accompagne le passage à l'acte. Il est possible que vous commenciez, au bout de quelques jours, à ressentir ce challenge comme une contrainte supplémentaire dans une vie déjà sous pression… Vous pourriez alors avoir envie de ne pas le faire « juste une journée » et de recommencer le lendemain…

Si cela se produit, accrochez-vous et tentez de ne pas craquer ! N'oubliez pas que, si vous ne faites pas votre action une seule journée, vous devez remettre les compteurs à zéro. Vous aurez probablement des hauts et des bas dans ce challenge, mais le plaisir et la fierté que vous ressentirez à aller jusqu'au bout valent le coup !

Et surtout, nous ne le répéterons jamais assez, si vous devez remettre les compteurs à zéro, ne dramatisez pas ! Vous pouvez, au contraire, voir cela de manière positive : après tout, les actions déjà réalisées sont toujours là et vous allez en accomplir 21 de plus… Le résultat sera sûrement formidable !

Comment vais-je trouver suffisamment d'idées d'actions ?

Dans les deux premières parties de ce livre, nous avons abordé différents sujets qui vous dressent un panorama (non exhaustif !) des domaines dans lesquels vous pouvez puiser : travail sur soi (renforcer votre confiance en vous, développer votre optimisme, surmonter vos peurs, développer vos forces…), mise en place d'un réseau sur lequel vous appuyer (créer du lien, solliciter des gens…), organisation (recherche d'informations, formalisation de vos idées, priorisation…).

Il n'y a pas de trop petite action, l'important est que le mouvement initié aille toujours dans le bon sens !

Pour vous donner des idées, voici quelques actions extraites de notre challenge à nous :
- Nous inscrire à des conférences inspirantes.
- Acheter des livres et analyser des études de psychologie pour augmenter notre niveau d'expertise.
- « Brainstormer » sur une première version de plan.
- Demander en contact LinkedIn des interlocuteurs concernés par le sujet.
- Établir une *to-do list* d'actions à mener dans les mois qui viennent.
- Écrire un article sur LinkedIn (sur un autre sujet, pour commencer à nous faire connaître !).

- Faire la liste des principaux éditeurs de développement personnel et regarder sur Internet les documents requis pour soumettre un projet de livre ou un manuscrit.
- Solliciter un ami pour lui demander s'il connaît des personnes susceptibles de nous aider dans notre démarche.
- Lire un article sur Internet sur un sujet en lien avec la psychologie positive et les neurosciences.
- Regarder une conférence TED.
- Acheter un beau cahier qui nous accompagnera partout, pour noter les idées qui nous viennent.

Comme vous le voyez, il y a de la variété et certaines actions ne demandent pas un gros effort (lire un article sur Internet ou chercher des contacts sur LinkedIn ne prend que quelques minutes, acheter un cahier est un vrai plaisir). Et pourtant, toutes ces actions ont leur utilité à l'arrivée !

Dois-je établir à l'avance un plan d'action pour les 21 jours qui viennent ?

Certainement pas, cela ne pourrait pas fonctionner car vos actions vont avoir des effets que vous ne pouvez pas forcément prévoir... C'est l'intérêt de ce challenge ! Si vous établissez à l'avance un plan d'action rigide, non seulement vous ne pourrez pas vous adapter aux premiers résultats que vous obtiendrez, mais, en plus, vous perdrez la dimension plaisir, qui provient du fait que vous pouvez chaque jour choisir l'action qui vous plaît.

En revanche, l'une de vos premières démarches peut être de rédiger une liste d'actions dans laquelle piocher quand vous en avez envie ou quand vous êtes en manque d'inspiration. En particulier, cela pourra vous être très utile lorsque vous réalisez, le soir, que vous n'avez pas accompli d'action du jour : avoir alors en stock des actions « de secours » vous permettra de tenir votre challenge.

Par quoi commencer ?

Nous sacrifions bien souvent l'important à l'urgent, ce qui peut compromettre la réussite de ce que nous entreprenons. Dwight David Eisenhower, 34e président des États-Unis, aurait déclaré « ce qui est important est rarement urgent et ce qui est urgent est rarement important ». La matrice d'Eisenhower est un outil qui s'attache à cartographier les tâches selon leur niveau d'importance et leur degré d'urgence. Elle permet de se focaliser sur les tâches importantes et urgentes, de déléguer si possible les tâches urgentes mais non importantes, de planifier les tâches importantes mais pas urgentes et de renoncer aux autres.

Ce bel outil, bien connu des consultants en organisation, montre ses limites lorsque l'on a devant soit une liste trop importante de tâches importantes et urgentes... et surtout, il manque, selon nous, d'une approche humaine.

C'est pourquoi, nous avons inventé pour vous la matrice de l'autosatisfaction ! Suivez le guide...

Placez vos tâches sur la matrice selon les deux axes suivants :
- la satisfaction que vous éprouverez une fois la tâche accomplie ;
- l'effort à consentir pour réaliser ladite tâche.

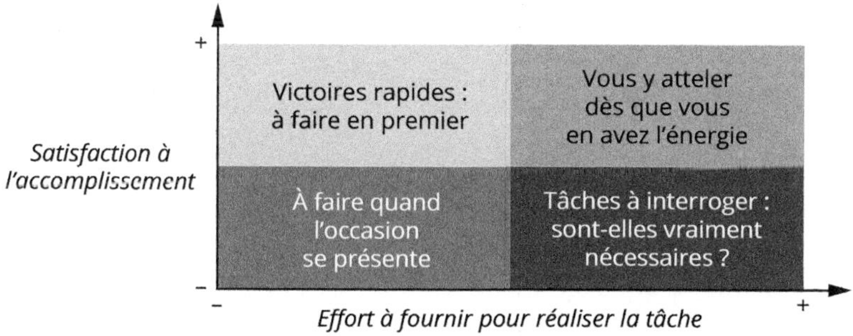

Nous vous conseillons de commencer par les victoires rapides : elles vous donneront l'énergie nécessaire pour vous consacrer aux actions plus fastidieuses.

Ma feuille de route

Voici la feuille de route qui va vous permettre de suivre l'avancement de votre challenge.

Nous vous conseillons d'en réaliser des photocopies avant d'écrire : cela vous permettra non seulement de recommencer le challenge sur 21 jours d'affilée si vous ne tenez pas une journée, mais surtout (vision plus optimiste !) de recommencer avec un autre projet quand vous aurez réussi le premier. ☺

Bien sûr, si vous vous sentez une âme d'artiste, vous pouvez réaliser vous-même le support sur lequel suivre votre challenge (cela peut même être votre première action).

À vous de jouer : ma feuille de route

Jour 1

Jour 2

Jour 3

Jour 4

Jour 5

Jour 6

Jour 7

Jour 8

Jour 9

Jour 10

Jour 11

Jour 12

Jour 13

Jour 14

Jour 15

Jour 16

Jour 17

Jour 18

Jour 19

Jour 20

Jour 21

Vous voilà prêt à commencer votre challenge Il n'y a plus qu'à vous lancer !

L'essentiel de ce chapitre

• Notre cerveau a besoin de 21 jours pour établir de nouvelles connexions neuronales, ce qui nous permet de remplacer de mauvaises habitudes par des bonnes. En l'occurrence, vous allez remplacer l'hésitation par l'action !

• Pour réussir votre challenge, choisissez un objectif clair, formulé positivement, ambitieux, atteignable… et, surtout, qui vous tient à cœur.

• Ne cherchez pas à établir à l'avance un plan d'action jour par jour : préparez plutôt une liste d'actions dans lesquelles vous pourrez piocher selon vos envies et vos contraintes.

• Appuyez-vous sur votre feuille de route pour suivre vos progrès.

CHAPITRE 11
Je me lance

« Un intellectuel assis va moins loin qu'un con qui marche. »

Michel Audiard

Il arrive parfois que l'on ne démarre pas un projet qui nous tient à cœur pour la simple et mauvaise raison que nous ne nous sentons pas capables d'activer la quantité d'énergie nécessaire. Et pourtant, si nous nous lancions, il serait ensuite facile de continuer.

Alors comment faire pour engager ce premier pas ?

Je gère mon énergie d'activation

Qu'est-ce que l'énergie d'activation ?

L'énergie d'activation est la quantité d'énergie nécessaire pour lancer un processus chimique, le plus souvent une réaction. En effet, pour démarrer un processus, on doit souvent apporter une quantité d'énergie minimum sans laquelle rien ne peut commencer. Par exemple, certaines réactions chimiques ne peuvent se produire que si l'on s'approche d'une source de chaleur.

Si vous avez déjà fait une mayonnaise maison ou tout simplement monté des blancs en neige, vous êtes familier avec la notion d'énergie d'activation (surtout si vous l'avez fait sans l'aide d'un fouet électrique !) : au démarrage, vous devez donner de votre personne et il ne se passe pas grand-chose. Et puis, soudain, la magie opère et votre mixture change d'aspect d'un seul coup ; la suite des opérations est alors beaucoup moins fatigante, il suffit de garder un certain rythme et vous parvenez au résultat souhaité.

J'optimise mon énergie d'activation

La solution nous est fournie par Shawn Achor, disciple de Tal Ben-Shahar. Elle consiste à appliquer ce qu'il nomme la « règle des 20 secondes[1] » : il faut, d'une part, rendre plus complexe la réalisation de la mauvaise habitude (en augmentant son énergie d'activation pour qu'elle requière plus de 20 secondes), d'autre part, diminuer l'effort que vous aurez à fournir pour la nouvelle tâche (en réduisant le plus possible son énergie d'activation afin de l'amener sous les 20 secondes).

Aurélie témoigne

Cela faisait un certain temps que mon mari souhaitait se remettre à la course à pied et qu'il se disait « ce week-end, je m'y mets ». Pourtant, semaine après semaine, son constat était le même chaque dimanche soir : il n'avait pas trouvé le temps de s'y mettre.

Son attention ayant été attirée sur la notion d'énergie d'activation, il a décidé de se coucher un samedi soir en short et T-shirt, avec ses baskets au pied du lit. Lorsqu'il s'est réveillé le dimanche matin, il a sauté dans ses baskets et il est parti courir, sans se poser de question ni se laisser perturber par la *to-do list* qui l'attendait sur la table du salon !

Il a refait la même chose le samedi suivant. Très vite, il a pu retourner à son confortable pyjama car l'habitude de courir le dimanche était prise et parce qu'il n'avait plus besoin de diminuer son énergie d'activation.

Il existe de nombreuses façons de diminuer l'énergie d'activation de tâches que vous n'avez pas la force d'accomplir aujourd'hui. Et à l'inverse, vous pouvez augmenter l'énergie d'activation de certaines habitudes que

1. Shawn Achor, *Comment devenir un optimiste contagieux*, éditions Belfond, 2012.

vous souhaiteriez perdre ! Par exemple, si vous estimez avoir tendance à regarder trop souvent vos emails sur votre Smartphone, vous pouvez déplacer l'icône correspondante à un endroit moins facilement accessible. Consulter vos mails nécessitera de votre part un effort supérieur et relèvera donc moins du mauvais réflexe.

À vous de jouer : j'optimise mon énergie d'activation

Quelles sont les habitudes que vous aimeriez adopter ou changer dans votre vie quotidienne pour réussir votre challenge 21 jours ?

....

De quelles façons pouvez-vous modifier l'énergie d'activation correspondante, que ça soit en la diminuant ou en l'augmentant ?

....

Voir grand et commencer petit… et vite

Je sors de l'impasse

S'accrocher à un rêve avec lequel nous ne sommes pas capables d'avancer est une cause de grande souffrance. Si vous constatez que, malgré tous vos efforts, vous ne parvenez pas à poser des actes en accord avec votre projet, peut-être est-il temps d'en changer ? Il est possible que vous ne soyez tout simplement pas prêt à avancer dans cette direction et il n'y a pas de raison de culpabiliser pour cela.

Si cette hypothèse vous interpelle, prenez le temps de vous réinterroger sur vos envies profondes et vos véritables motivations. Peut-être pourriez-vous envisager ce projet sous un angle légèrement différent, éventuellement moins ambitieux par rapport à votre situation actuelle ?

Si, au contraire, tout votre être se révolte à la pensée de renoncer à votre projet, alors il est temps de sortir de l'impasse !

Un pas après l'autre

« Un voyage de 1 000 lieues commence par un pas », disait Lao Tseu. Souvent, nous n'osons pas passer à l'action, car nous regardons une montagne qui nous semble infranchissable. Nous reportons constamment nos projets à plus tard, quand telle ou telle condition sera réunie, et finalement nous n'agissons jamais.

Or, gravir cette montagne, c'est accomplir une succession d'étapes nettement plus abordables dès lors qu'on les considère séparément.

Peut-être avez-vous déjà formalisé un plan d'action détaillé, étape par étape, sur les mois à venir… Et peut-être continuez-vous quand même à vous sentir démoralisé par l'ampleur de la tâche.

Si c'est votre cas, nous vous invitons à cesser de regarder l'ensemble du chemin et à vous poser la question suivante : « Quel est le premier petit pas que je peux faire pour aller vers mon objectif ? »

En vous posant la question de cette façon, vous vous offrez la possibilité de vous engager dans l'action de manière beaucoup plus sereine : un petit pas, ça n'est pas grand-chose, il n'y a vraiment pas de quoi angoisser.

Lorsque vous aurez accompli ce premier petit pas, vous pourrez vous reposer la question et accomplir le petit pas suivant.

Un petit pas pour l'homme…

Alexandre est passionné de photos et rêve de développer une activité de photographe professionnel. Cela lui semble incompatible avec ses contraintes professionnelles et financières, alors il se dit qu'il se lancera quand ses enfants seront grands ou quand il sera à la retraite.

Mais Alexandre sent bien que cette posture ne le satisfait pas : il n'a pas envie d'attendre 20 ans pour accomplir son rêve ! Alors il se demande quel serait le premier petit pas qu'il pourrait faire pour aller dans le bon sens. Il décide ainsi de mettre en vente les plus belles pièces de sa photothèque sur des sites Internet spécialisés. Quelques jours plus tard, Alexandre est euphorique : il vient de vendre sa première photo ! Certes, cela ne lui rapporte que quelques dizaines de centimes d'euros, mais c'est une véritable reconnaissance de son talent et de sa capacité à générer un jour un revenu grâce à ses photos.

Je me projette

Une autre façon de prendre du recul lorsque vous vous sentez paralysé par l'ampleur de la tâche est de vous projeter dans le futur, à six mois ou un an par exemple, et d'imaginer que vous avez atteint votre objectif. Pour reprendre la métaphore précédente, il s'agit de vous situer tout en haut de la montagne et de contempler le paysage autour de vous. Quelle est votre situation ? Comment vous sentez-vous ?

Et là, pas question de manquer d'ambition, vous pouvez imaginer le résultat que vous rêvez d'atteindre !

Une fois que vous avez bien pris le temps de décrire en pensée le résultat obtenu, regardez le chemin parcouru : « Qu'ai-je mis en place pour en arriver là ? »

L'objectif de cette démarche est de vous projeter dans un état d'esprit positif et de voir sous un autre angle le chemin que vous avez à parcourir. En regardant ce chemin depuis la ligne d'arrivée, vous ne verrez pas les mêmes choses que depuis la ligne de départ. Tout comme les élèves du *Cercle des poètes disparus* que leur professeur de littérature fait monter sur les tables pour déclamer « *Oh Captain, my captain* », vous changerez de perspective pour observer votre situation. Il est probable que vous ayez alors de nouvelles idées, et que des tâches qui vous semblaient ardues vous apparaissent comme plus faciles.

À vous de jouer : auto-coachez-vous !

La technique du premier petit pas et de la projection dans le futur est très souvent utilisée en coaching, pour aider les personnes à débloquer une situation qui ne leur convient pas.

N'hésitez pas à y avoir recours dès que vous vous sentez dans une impasse. Pour cela, vous pouvez vous poser les questions suivantes :

- quelle est la plus petite action que je peux faire demain dans le cadre de mon challenge 21 jours ?
- imaginons que j'aie terminé avec succès mon challenge 21 jours et que je me retourne pour contempler fièrement le chemin parcouru. Que puis-je apercevoir sur la route ?

J'apprivoise l'imperfection

Comme disait Alain, « le secret de l'action, c'est de s'y mettre » !

Une erreur que nous commettons souvent est d'attendre que tout soit parfaitement prêt pour nous lancer. Imaginez une entreprise qui raisonne comme cela : elle ne pourrait jamais innover et passerait son temps à suivre ses concurrents moins prudents.

Il en est de même pour l'individu. Certes, lorsque nous souhaitons nous lancer dans un nouveau projet, il est normal que nous ayons de la difficulté à nous sentir légitime et que nous ayons toujours l'impression qu'il nous manque quelque chose. Nous pouvons ainsi passer notre vie entière à apprendre encore plus, à nous préparer encore mieux... Mais n'est-ce pas « en forgeant qu'on devient forgeron » ?

La seule façon d'arriver à quelque chose, c'est de passer à l'action ! Essayer, échouer, apprendre, recommencer... C'est le principe de l'expérimentation, que pratiquent ceux qui travaillent dans le domaine de l'innovation : expérimenter, c'est tester des choses, voir ce qui fonctionne ou pas, puis s'adapter.

Si vous sentez que votre peur d'échouer vous empêche d'oser expérimenter, nous verrons dans le chapitre 14 comment changer votre point de vue sur l'échec pour en faire un allié.

Qualité ou quantité ?

Une fausse croyance assez répandue est qu'avoir trop d'idées ou faire trop de choses nuit à la qualité de ce que nous accomplissons. Ainsi, il faudrait attendre d'avoir une idée géniale pour passer à l'action... Et, comme l'idée géniale tarde souvent à se manifester, nous finissons par ne rien faire.

Nous sommes au contraire convaincues que, plus vous planterez de graines, plus vous augmenterez la probabilité de voir pousser ce que vous espérez !

Savez-vous combien d'œuvres ont été composées par Mozart, génie incontesté de la musique ? Plusieurs centaines ! Si bon nombre d'entre elles sont aujourd'hui considérées comme des chefs-d'œuvre, l'immense majorité est tombée aux oubliettes. Et si Mozart avait attendu d'être absolument certain d'avoir composé un chef-d'œuvre pour le présenter au public, nous n'aurions sans doute jamais entendu parler de lui.

N'ayez donc plus peur de sacrifier la qualité à la quantité !

La meilleure façon de faire germer les bonnes idées est d'en avoir beaucoup, de les tester et d'aviser en fonction du résultat.

Je teste !

Quelle que soit la beauté d'une idée, tant que vous ne l'avez pas mise en application, elle reste à l'état de concept. Or comment pourrions-nous juger de la pertinence d'une idée autrement qu'en la mettant à l'épreuve de la réalité ?

Qui n'a jamais vécu le sentiment frustrant de voir une idée prometteuse s'effondrer lorsque l'on cherche à la concrétiser ? Ou, à l'inverse, la joie de réussir à mettre en œuvre une idée qui nous semblait utopique ?

Quelles que soient vos idées, testez-en un maximum ! Et surtout, lorsqu'une idée vous tient à cœur, ne laissez pas les oiseaux de mauvais augure vous convaincre que « ça ne marchera jamais ! »

« Racine passera comme le café »

Par cette citation lapidaire, la marquise de Sévigné voulait signifier, d'une part, que l'œuvre de Racine ne passerait pas à la postérité, d'autre part que le café ne constituait qu'une mode passagère.

Il est amusant de constater que la double erreur de cette célèbre écrivaine l'a finalement conduite à énoncer une réalité : Racine comme le café sont toujours des incontournables quatre siècles plus tard ☺.

Je préfère les « comment » aux « pourquoi »

Nous nous demandons souvent « pourquoi » il nous arrive telle ou telle chose. S'il est clair que le fait de nous poser cette question nous permet parfois de nous améliorer, cela peut, au contraire, entraver notre capacité d'action si nous n'allons pas plus loin.

Savez-vous pour quelle raison la question « pourquoi » est bannie du langage des coachs ? Parce qu'elle incite à donner des raisons, des justifications, des excuses… mais pas de solution ! Généralement tournée vers le passé, elle est donc rarement utile lorsqu'il s'agit de passer à l'action, car cela nécessite de regarder vers l'avenir.

Certes, il est parfois bénéfique de se rappeler les raisons pour lesquelles nous souhaitons agir, il en va de notre motivation. Mais au quotidien, il est intéressant de remplacer sciemment quelques « pourquoi » par des « comment ».

Voici quelques exemples pour illustrer notre propos :

- « Pourquoi Nathalie a-t-elle refusé de m'aider ? » → « Comment faire en sorte d'obtenir une réponse positive la prochaine fois que je demanderai de l'aide ? »
- « Pourquoi ai-je un si faible taux de succès dans mes démarches de prospection ? » → « Comment modifier ma façon de faire de la prospection pour obtenir un meilleur taux de succès ? »

- « Pourquoi ai-je si peur de me lancer ? » → « Comment faire en sorte de passer à l'action malgré ma peur ? »
- « Pourquoi est-ce que je n'ai jamais de chance ? » → « Comment modifier mes attitudes et mes comportements pour que la chance me sourie ? »
- « Pourquoi ai-je encore perdu mon calme face à ma mère ? » → « Comment faire pour réussir à lui expliquer calmement ma position la prochaine fois que nous aborderons un sujet qui me tient à cœur ? »

À vous de jouer : exit les « pourquoi »

Pendant la durée de votre challenge, guettez toutes les fois où la question « pourquoi » vous vient à l'esprit (voire vous est posée par un tiers). Lorsque c'est possible, reformulez-la à l'aide d'un « comment », en vous inspirant des exemples donnés ci-dessus.

Rapidement, vous n'aurez même plus besoin de faire la démarche consciemment, car vous aurez pris l'habitude de raisonner en termes concrets, tournés vers l'action.

Faut-il prendre des risques pour réussir ?

Beaucoup de gens n'osent pas se lancer dans un projet car ils sont convaincus que, pour réussir, il faut se lancer à fond, et donc prendre de gros risques.

Dans son livre *Oser sortir du rang !*[2], Adam Grant tord le cou à cette « représentation mentale des entrepreneurs à succès » : « Je veux débusquer le mythe que l'originalité exige une prise de risque extrême et vous persuader que les innovateurs sont en fait bien plus ordinaires qu'on ne le pense. »

Adam Grant cite une étude qui montre que les entrepreneurs qui gardent leur emploi ont en moyenne 33 % moins de chances d'échouer. De nombreux cas connus vont d'ailleurs dans ce sens : Steve Wozniak, inventeur du premier ordinateur Apple, a conservé un poste d'ingénieur chez

---

2. *Op. cit.*

Hewlett Packard pendant un an après avoir fondé Apple avec Steve Jobs. Stephen King a exercé plusieurs emplois pendant sept ans après avoir écrit sa première histoire, ne démissionnant qu'un an après la publication de *Carrie*. John Legend a continué à travailler comme consultant en management pendant deux ans après la sortie de son premier album…

Bref, si vous n'aimez pas les risques, vous n'avez aucune raison d'en prendre d'excessifs ! Au contraire, il est probable que vos choix vous amènent à construire un projet bâti pour durer.

Vous pouvez dans ce cas faire des premiers tests qui ne soient pas trop engageants. Par exemple, plutôt que de démissionner, vous pouvez négocier avec votre employeur des conditions satisfaisantes pour tout le monde, comme une formation qui vous permettrait de développer une nouvelle compétence, un passage à temps partiel ou un congé création d'entreprise.

Que vous décidiez de commencer par tremper un orteil dans l'eau ou que vous choisissiez au contraire de vous jeter dans le grand bain, gardez en tête que seule l'expérimentation vous permettra d'avancer et d'obtenir des résultats, en vous adaptant continuellement. Faites des points d'étapes réguliers, soit à travers une démarche d'introspection, soit en vous appuyant sur des personnes en qui vous avez confiance. Regardez régulièrement où vous en êtes de vos objectifs et adaptez vos postures.

En conclusion de ce chapitre, nous souhaitons vous rappeler que votre imperfection est ce qui vous rend humain et unique… Votre challenge n'appartient qu'à vous et vous êtes prêt à relever le défi « 21 jours pour passer à l'action » !

L'essentiel de ce chapitre

- Pour remplacer une mauvaise habitude par une bonne, jonglez astucieusement avec votre énergie d'activation !
- Pour réussir vos projets, ne vous focalisez pas sur un objectif final très ambitieux : l'important est de démarrer sans plus attendre. La technique du petit pas vous permettra d'avancer sereinement.
- En complément, vous pouvez vous projeter dans l'avenir, lorsque vous aurez atteint vos objectifs, et contempler le chemin parcouru, en regardant tout ce que vous avez mis en place pour en arriver là.

• Et surtout, ne cherchez pas la perfection ! Plus vous planterez de graines et plus vous aurez de chances d'en voir germer. Et n'oubliez pas qu'une idée ne révèle tout son potentiel que lorsqu'elle est testée.

• Que vous ayez envie de prendre des risques ou que vous préfériez, au contraire, agir avec prudence, testez un maximum d'idées et adaptez-vous selon les résultats !

CHAPITRE 12
Je me réjouis de mes succès

« Le miracle de votre existence appelle à la célébration chaque jour. »

Oprah Winfrey

En apprenant à reconnaître nos accomplissements et à nous en attribuer le mérite, nous développons notre aptitude à prendre conscience de ce dont nous sommes capables. Nous renforçons ainsi notre confiance en nous et rentrons dans un cercle vertueux, car plus nous développons notre confiance en nous, plus nous osons entreprendre et plus nous avons d'opportunités de réussir !

Me réjouir de mes succès : pourquoi c'est important

Je renforce ma confiance en moi

Lorsque nous ignorons nos succès, par modestie ou tout simplement parce que nous n'avons même pas conscience de leur existence, nous passons à côté de formidables opportunités de booster notre estime de nous.

Les personnes très critiques envers elles-mêmes perçoivent généralement leurs succès comme passagers ou dus à des circonstances extérieures. Par exemple, si elles sont reçues à un entretien d'embauche, elles en déduiront que les autres candidats devaient être vraiment mauvais. Si elles réussissent particulièrement bien une recette de cuisine et sont félicitées par leurs convives, elles se diront qu'elles ont eu un coup de chance…

Quel dommage !

Je prends conscience de mes ressources

Des psychologues de l'Ohio State University se sont intéressés au fait que les personnes ayant une faible estime d'elles-mêmes éprouvaient des difficultés à tirer des enseignements de leurs succès[1]. À travers plusieurs expériences, ils ont créé une nouvelle technique permettant de développer cette faculté. Ainsi, ils demandaient, par exemple, à des participants ayant réussi une première expérience d'expliquer leur succès, en commençant leur texte par « J'ai très bien réussi cette tâche car je suis… ».

L'utilisation de cette formulation obligeait les participants à faire le lien entre leur réussite et leurs compétences propres.

Dans une deuxième expérience, les participants étaient soumis à un problème complexe.

Les psychologues ont alors constaté que les participants qui avaient rédigé le texte persévéraient plus longtemps lors de la résolution de problèmes : ayant pris conscience de leurs compétences, ils étaient plus confiants et plus motivés pour les mettre en œuvre.

Ainsi, en vous réjouissant de vos succès et en prenant le temps de faire le lien entre ces succès et vos aptitudes, vous prenez conscience des ressources dont vous disposez et sur lesquelles vous allez pouvoir vous appuyer pour construire vos réussites futures !

J'associe mon entourage

Nous n'insisterons jamais assez sur l'importance de l'entourage au sens large dans la réussite d'un projet.

Or, si nous avons généralement le réflexe de partager les difficultés que nous rencontrons, nous oublions bien souvent de faire de même avec les succès.

Pourquoi cela ? Tout simplement parce que, face à un problème, il faut trouver une solution et donc impliquer l'ensemble des personnes concernées. Le succès, au contraire, est souvent perçu comme un aboutissement en lui-même… Nul besoin d'agir, donc nul besoin de mobiliser le collectif.

---

1. Peter Zunick, Russell Fazio et Michael Vasey, « Directed abstraction: Encouraging broad, personal generalizations following a success experience », Peter Zunick, Russell Fazio et Michael Vasey, *Journal of Personality and Social Psychology*, Vol. 109(1), juillet 2015, 1-19.

Là encore, quel dommage !

Certes, il est nécessaire de prendre le temps d'analyser avec vos collègues les raisons d'une insatisfaction client pour éviter qu'elle se reproduise, de discuter avec votre enfant de sa mauvaise note en maths pour voir s'il a besoin de soutien dans cette matière, de réfléchir avec votre conjoint à ce qu'il faut changer dans l'organisation de vos sorties pour que vous ne finissiez plus la semaine sur les rotules... Mais pourquoi vous priver du plaisir d'aller prendre un verre avec vos collègues pour fêter les remerciements adressés par un client, de faire un pique-nique en famille en l'honneur d'une bonne note en orthographe ou encore d'un bain moussant en duo pour prendre le temps de se raconter un accomplissement qui nous réjouit ?

Au-delà du plaisir immédiat que l'on ressent à vivre ensemble un bon moment, savourer les succès avec tact est extrêmement fédérateur, dans la vie privée comme dans la vie professionnelle.

Le tour de table est un élément généralement incontournable des réunions. Avez-vous remarqué que les interventions sont très souvent centrées sur ce qui ne va pas ? Il arrive même que certaines personnes déclarent : « Je n'ai rien à dire aujourd'hui, tout va bien. »

Et si vous proposiez à vos collègues de commencer dorénavant vos réunions par un tour de table de ce qui va bien ? De quoi instaurer une bonne humeur constructive, avant de s'atteler aux difficultés à résoudre.

Bien évidemment, vous pouvez faire la même chose à la maison, au début du dîner familial !

J'identifie mes succès... même modestes !

Je n'attends pas d'avoir décroché la lune !

Pour se réjouir de ses succès, un prérequis est de prendre conscience de leur existence !

Or, bien souvent, nous avons l'impression de faire « ce que nous avons à faire », ni plus ni moins. Les bons résultats que nous obtenons nous semblent normaux.

Si on nous demande ce que pourrait être un succès à venir, nous réfléchissons longuement et ce qui nous vient en tête a souvent un caractère exceptionnel, comme la conclusion d'un nouveau contrat, l'obtention d'une promotion, le succès d'un de nos enfants à un examen…

Pourtant, si nous nous référons à la définition du *Larousse*, le succès est un « résultat heureux obtenu dans une entreprise, un travail, une épreuve sportive… ». Pourquoi cela devrait-il être exceptionnel ?

Il ne tient qu'à nous de modifier notre vision du succès pour apprendre à mieux repérer chaque jour ou presque ces petits « résultats heureux » que nous obtenons dans les différents domaines de notre vie.

Le mur des succès

Émilie travaille depuis un an dans le service Comptabilité d'une entreprise et a du mal à se sentir à la hauteur de ses collègues. Elle ose difficilement prendre la parole lors des réunions et ne se met jamais en avant lors des présentations collectives. Émilie a l'impression de ne rien accomplir de notable. La preuve, se dit-elle : un « mur des succès » a été mis en œuvre dans le service (le principe étant que chacun puisse coller un Post-it quand il estime avoir réussi quelque chose)… et elle n'a jamais collé un seul Post-it en un an !

Lors de son entretien annuel, Émilie est très surprise du retour positif que lui fait son responsable hiérarchique ! Il se montre en effet très satisfait de son travail et identifie comme point de progrès le fait de se montrer plus proactive lorsqu'il s'agit de porter son travail auprès de ses collègues ou des autres services.

Émilie réalise que son manque de confiance en elle fausse la vision qu'elle a de ses accomplissements professionnels et qu'elle seule peut y remédier. Elle examine alors le « mur des succès » et prend conscience que ce qui figure sur les Post-it

est souvent bien moins ambitieux que ce qu'elle imaginait. Elle se donne alors comme objectif de coller elle aussi un Post-it avant la fin du mois.
Quelques mois plus tard, Émilie a collé plusieurs Post-it. Son responsable hiérarchique se réjouit de la voir métamorphosée, ses collègues eux-mêmes perçoivent qu'elle est dorénavant plus confiante et épanouie dans son poste.

Je lutte contre le syndrome de l'imposteur

Les personnes qui souffrent du syndrome de l'imposteur ne parviennent pas à reconnaître leur propre mérite dans leurs réalisations personnelles. Elles sont convaincues que leurs succès sont dus à des facteurs extérieurs comme la chance ou l'aide d'autres personnes.

Lorsqu'elles reçoivent des félicitations de leur entourage (famille, collègues, amis…), elles ont l'impression de duper les autres. Craignant à tout moment d'être « démasquées », elles sont incapables de se réjouir de leurs réussites.

Il existe bien évidemment différents degrés du syndrome de l'imposteur. S'il vous est difficile d'accepter les compliments, que vous avez parfois peur de ne pas être à la hauteur même dans des domaines où vous avez déjà fait vos preuves, que vous vous attribuez rarement un succès… alors il est temps pour vous de lutter contre ce syndrome !

Une question difficile

Myriam travaille depuis 4 ans dans le service marketing d'une entreprise de grande distribution lorsqu'elle apprend qu'un poste qui lui plairait beaucoup se libère. Elle postule et elle est reçue en entretien. Tout se passe bien jusqu'au moment où son interlocuteur lui demande quel a été son plus gros succès dans le poste qu'elle occupe…

Myriam bloque ! Certes, elle a toujours mené à bien ses missions et reçu des commentaires élogieux de sa hiérarchie. Mais elle considère qu'il s'agit de réussites collectives, qu'elle n'aurait jamais réussi sans ses collègues, qu'elle a eu de la chance, qu'il y a aussi des choses qu'elle aurait pu mieux faire... Bref, Myriam ne parvient pas à s'attribuer le mérite de ses nombreuses réussites et se retrouve incapable d'en citer spontanément une seule.

Pour lutter contre le syndrome de l'imposteur, la première chose à faire est de reconnaître vos réussites... Et c'est là que le bât blesse, puisque tout le problème est justement que vous ne parvenez pas à vous en attribuer le mérite.

Nous vous proposons donc d'aborder la question sous un angle nouveau, non pas en termes de succès mais en termes de plaisir !

Qu'avez-vous accompli récemment qui vous rende content ou génère tout simplement un sentiment agréable ? Plus question ici de grandiose, d'accomplissement hors norme, de compétences extraordinaires... Dès lors que vous avez fait quelque chose qui vous procure satisfaction, vous tenez un succès ! Super génial !

Reprenons l'exemple ci-dessus : si on lui avait demandé ce qu'elle avait accompli de satisfaisant dans son poste, Myriam aurait pu disserter pendant des heures.

À vous de jouer : mon succès quotidien

Pendant toute la durée de votre challenge, identifiez au moins un succès par jour.

Si cela vous est difficile, pensez à aborder la question sous l'angle du plaisir : qu'ai-je fait aujourd'hui, même si c'est minuscule, d'intéressant, de drôle, de stimulant... ?

Je n'attends pas que la reconnaissance vienne de l'extérieur

Aborder le succès sous l'angle de la satisfaction ressentie présente l'avantage de vous remettre au centre de l'évaluation de vos accomplissements : vous êtes la seule personne vraiment légitime pour leur accorder la valeur qu'ils méritent.

Trop souvent, nous attendons que la reconnaissance vienne de l'extérieur : de notre hiérarchie, de notre conjoint, de nos amis, de nos enfants... Bien sûr, recevoir des félicitations ou des remerciements est toujours très plaisant. Mais si nous ne carburons qu'à cela, nous risquons d'être souvent déçus et de tomber en panne de motivation !

Nous vous proposons ici deux pratiques qui vous permettront de mieux savourer vos succès.

La première consiste tout simplement à pratiquer l'auto-félicitation : lorsque vous êtes content d'une de vos réalisations, félicitez-vous à voix haute !

Vous avez pris la parole devant dix personnes pour présenter un dossier alors que vous craignez terriblement de parler en public ? Vous pouvez être fier de vous et partager votre satisfaction avec vos proches.

Votre placard était en bazar depuis des mois et vous venez enfin de le ranger ? Bravo, verbalisez votre contentement et prenez le temps d'admirer le résultat !

La deuxième pratique consiste à demander de la reconnaissance lorsque vous en ressentez le besoin et que votre entourage ne vous l'exprime pas spontanément. Cela n'est pas toujours facile car nous avons peur que cela semble prétentieux ou un peu enfantin... Et pourtant, savoir demander de la reconnaissance lorsque nous pensons la mériter est une véritable source d'émotions positives !

À table !

Marie a l'habitude de préparer le dîner pour l'ensemble de la famille : elle rentre du travail plus tôt que son conjoint et cette répartition des tâches leur convient.

Mais ce soir, après une journée de travail particulièrement intense, Marie se sent frustrée en voyant la famille engloutir son repas sans un mot de remerciement.

Elle s'exprime alors de la sorte : « Certes, le plat que je vous ai préparé ce soir est assez basique et ne mérite pas que l'on s'émerveille. Mais voilà, j'ai eu une journée très chargée et j'ai dû vraiment me donner du mal pour rentrer à temps du travail et vous préparer ce repas… Alors cela me ferait vraiment plaisir ce soir que vous m'exprimiez de la reconnaissance. »

Marie reçoit alors des remerciements et des bisous… Sa famille lui renvoie qu'elle peut, en effet, être fière de ce qu'elle accomplit tous les jours.

Je célèbre mes réussites

J'arrête d'être (trop) modeste

L'humilité est une valeur bien ancrée dans notre société et il est généralement mal vu de mettre en avant nos réussites, comme si cela faisait de nous un affreux prétentieux.

Or, la prétention tout comme l'excès de modestie sont souvent des signaux faibles qui traduisent un ego fragile, voire une certaine mésestime de soi.

La juste posture consiste à reconnaître votre mérite dans vos accomplissements : bien souvent, vous vous êtes donné beaucoup de mal pour réussir ! Alors pourquoi devriez-vous cacher la joie que vous en retirez ?

Il est normal que vous vous sentiez fier de vos réussites et encore plus normal que vous ayez envie de les partager avec vos proches.

Bien évidemment, la façon dont vous mettez en avant vos succès ne doit pas écraser votre entourage : l'idée n'est pas de faire passer le message « je suis le meilleur », mais bien « je suis heureux de ce que j'ai accompli et j'ai envie de partager ma joie avec vous ».

Si cela vous semble difficile, gardez bien à l'esprit que l'excès de modestie est tout aussi agaçant pour l'entourage qu'une légère prétention. Vous en doutez ? Nous vous invitons à plonger dans vos souvenirs : un copain de classe déclarant n'avoir pas tellement assuré au devoir de maths... et récoltant finalement un 18 ; une voisine vous invitant à un apéro dînatoire préparé à la sauvette car elle n'est pas très forte en cuisine... et vous servant un repas digne d'un trois étoiles Michelin ; une collègue se débrouillant vaguement en anglais... et dont les échanges avec vos clients américains vous donnent l'impression d'être devant un film en VO...

Voilà, vous voyez ce que nous voulons dire... ☺

Je prends le temps !

Si vous avez mis en pratique ce que nous préconisons au début de ce chapitre, vous voilà passé maître dans l'art d'identifier vos succès.

Pour autant, prenez-vous vraiment le temps de les célébrer ?

Bien souvent, nous avons tendance à zapper l'étape de la réjouissance, car nous nous projetons trop vite vers l'étape suivante : à peine avons-nous atteint un objectif que nous nous attelons déjà au suivant.

Un déjeuner bien mérité

Un jour où nous avions prévu un déjeuner de travail pour avancer l'écriture du livre que vous tenez entre les mains, nous avons appris en fin de matinée que nous étions retenues pour une prestation qui nous tenait vraiment à cœur. Après nous être réjouies, nous avons réalisé que ce nouveau contrat allait nous demander pas mal de travail les jours suivants et qu'il était donc d'autant plus important d'être productives lors de notre déjeuner. Après deux heures de travail intensif et alors que nous enchaînions sur un après-midi bien rempli, nous avons réalisé que nous n'avions pas pris le temps de célébrer dignement ce succès. Nous avons alors regardé comment réagencer nos agendas du lendemain pour prendre le temps de déjeuner toutes les deux au restaurant !

Eh oui, bien souvent, nous voyons nos succès comme une étape sur le chemin que nous parcourons et oublions de nous y arrêter. C'est une erreur, car le temps que nous nous octroyons pour célébrer n'est jamais perdu : il nous permet de faire le plein d'émotions positives et d'être encore plus efficace pour la suite.

Parfois, le simple fait de prendre le temps de souffler et de profiter de l'instant présent sera une vraie célébration.

Et pour aller plus loin, que diriez-vous d'instaurer de nouveaux rituels avec vos proches (collègues, famille, amis) pour célébrer vos succès personnels et professionnels ?

À vous de jouer : c'est la fête !

Pendant toute la durée de votre challenge, fêtez au moins un succès par semaine.

Il existe de multiples façons de célébrer. Voici quelques idées que vous pouvez bien sûr étoffer (oui, nombre d'entre elles tournent autour de la nourriture… Nous sommes en France tout de même ☺) : repas au restaurant, apéro surprise, pot, gâteau, carte cadeau, sortie, fleurs, petit cadeau…

N'hésitez pas à solliciter les personnes avec lesquelles vous souhaitez célébrer votre succès pour leur demander ce qui leur ferait plaisir !

L'essentiel de ce chapitre

• Vous réjouir de vos succès vous permet de renforcer votre confiance en vous et de prendre conscience des ressources dont vous disposez.

• C'est également un moyen d'entraîner votre entourage dans une dynamique fédératrice, autour de votre challenge, en partagent des émotions positives.

• N'attendez pas d'obtenir un succès extraordinaire : toutes les occasions de célébrer sont bonnes à prendre ! Si vous êtes parfois victime du syndrome de l'imposteur, luttez contre votre modestie et repérez les accomplissements qui vous procurent tout simplement du plaisir : ce sont des succès. Surtout, n'attendez pas que la reconnaissance vous vienne de l'extérieur : vous êtes la personne la mieux placée pour les reconnaître.

• Et même si la tentation est forte de passer très vite à autre chose, prenez le temps de savourer ☺.

J'ARRÊTE DE RENONCER À MES RÊVES !

CHAPITRE 13

Je tire parti de mes échecs

« Le succès, c'est d'aller d'échec en échec sans perdre son enthousiasme. »

Winston Churchill

S'il est clair que votre challenge sera jalonné de nombreux succès, il y a de fortes chances pour que vous rencontriez également quelques échecs.

C'est dans ces moments-là qu'il faudra tenir bon, continuer votre challenge et ne pas vous décourager face à l'adversité.

Pour cela, il est donc primordial d'adopter une posture constructive face à l'échec.

Je questionne mon rapport à l'échec

Une vision française bien négative… mais loin d'être universelle !

Comme nous l'avons vu dans la première partie de ce livre, la peur de l'échec est très répandue chez les Français, et cela dès le plus jeune âge, car notre culture en donne aujourd'hui encore une vision négative. Le Programme international de l'OCDE pour le suivi des acquis (PISA) évalue chaque année les systèmes d'éducation du monde entier en testant les compétences des élèves de 15 ans dans les matières principales. La peur de se tromper est tellement élevée chez les élèves français que, face aux QCM, ils préfèrent souvent ne pas répondre plutôt que de risquer de donner une mauvaise réponse (alors que leurs résultats sont au-dessus de la moyenne des candidats).

Du côté des adultes, gare à l'entrepreneur qui ose se lancer mais ne parvient pas au succès escompté : s'il fait faillite, il aura probablement beaucoup de mal à trouver des financements pour un autre projet (jusqu'en 2013, les entrepreneurs ayant connu une liquidation judiciaire étaient d'ailleurs fichés à la Banque de France).

Mais cette vision de l'échec n'est pas du tout universelle !

Ainsi, aux États-Unis par exemple, l'échec est particulièrement valorisé car il traduit un tempérament audacieux : avoir échoué, c'est avant tout avoir osé agir. Un entrepreneur qui a fait faillite se verra plus facilement accorder un financement, dès lors qu'il saura valoriser l'expérience retirée de cet échec.

Il en est de même chez nos voisins européens : qu'il s'agisse du Royaume-Uni, de la Finlande ou de la Norvège, bon nombre de personnes célèbres y revendiquent les échecs qu'elles ont dû surmonter avant de réussir.

Et depuis 2011, nous voyons fleurir les « Failcon » (de *failure*, qui signifie « échec » en anglais, et *con* pour « conférence »), dans lesquelles des entrepreneurs à succès ou des sportifs de haut niveau viennent raconter les déboires par lesquels ils sont passés avant de réussir.

Je refuse de subir le sentiment de l'échec

Comme l'écrit si bien Charles Pépin[1] : « Au fond, ce qui transforme une erreur "normale" en échec douloureux, c'est le fait de la vivre mal : le sentiment de l'échec. »

En effet, quel que soit le mal que nous nous donnons pour éviter de commettre des erreurs, celles-ci sont inévitables. Ce sur quoi nous avons la main, en revanche, c'est la façon dont nous décidons d'y réagir : nous pouvons décider de nous sentir coupables et honteux, tout comme nous pouvons décider de garder la tête haute et d'adopter une posture constructive, pour transformer nos échecs en apprentissage.

Je n'ai pas échoué !

Thomas Edison, inventeur de génie à qui nous devons, entre autres choses, l'ampoule à incandescence et le phonographe, vivait dans son laboratoire où il passait des nuits entières à expérimenter. Il mena tant de tentatives infructueuses avant de réussir à inventer son ampoule que l'on ne peut qu'être admiratif de la manière dont il décrit cette aventure : « Je n'ai pas échoué, j'ai simplement trouvé 10 000 façons de faire qui ne fonctionnaient pas. »

1. Charles Pépin, *Les vertus de l'échec*, Allary Éditions, 2016.

Si Thomas Edison s'était laissé envahir par le sentiment de l'échec, il aurait abandonné ses expériences bien avant qu'elles soient couronnées de succès. De même que si Kylian Mbappé et Antoine Griezmann s'étaient découragés la première fois qu'un gardien de but a arrêté un de leurs tirs, la France n'aurait probablement pas gagné la Coupe du monde en 2018 !

La plupart des gens qui réussissent connaissent l'échec avant de croiser la route du succès. Redouter le sentiment de l'échec, c'est se mettre à soi-même des barrières quasiment infranchissables, sans rien y gagner.

En questionnant votre rapport à l'échec, vous vous offrez la possibilité de prendre conscience de ses nombreuses vertus et d'en faire votre allié plutôt que votre ennemi.

À vous de jouer : je change de vision

Pendant votre challenge, notez les situations durant lesquelles vous ressentez un sentiment d'échec.

....

....

De quelle(s) autre(s) manière(s) pouvez-vous envisager ces situations ?

....

....

Que vous apporte le fait de les envisager sous des angles différents ? Quels enseignements en tirez-vous pour la suite de votre challenge ?

....

....

Je prends conscience des vertus de l'échec[2]

Petit tour d'horizon de « losers » célèbres

Une parenthèse culturelle pour vous donner du cœur à l'ouvrage ou vous mettre du baume au cœur selon l'état d'esprit dans lequel vous vous trouvez au moment où vous lisez ces lignes : pour tenir compagnie à Thomas Edison, voici quelques exemples de personnes célèbres qui ont eu leur dose d'échec, avant de voir la lumière. ☺

Si l'on vous parle de Charles de Gaulle ou d'Abraham Lincoln, il est probable que vous pensiez à la présidence de deux grands pays, à l'appel du 18 juin ou encore à l'abolition de l'esclavage. Mais savez-vous qu'ils ont en commun le fait d'avoir traversé plusieurs décennies d'échecs avant de parvenir à leurs fins politiques ?

Tout le monde connaît Steve Jobs, patron charismatique d'Apple, dont l'entrée en bourse lui rapporta plusieurs centaines de millions de dollars alors qu'il était âgé de 25 ans… Mais n'oublions pas qu'il en fut renvoyé 5 ans plus tard, avant de rebondir spectaculairement.

Savez-vous que Steven Spielberg fut refusé 3 fois à l'école de théâtre et de cinéma ? Que Walt Disney fut renvoyé d'un journal parce qu'il « manquait d'originalité et de créativité » ? Qu'Oprah Winfrey fut licenciée de son premier emploi à la télévision et Michael Jordan viré de son équipe de basket au lycée ?

Nous pourrions vous citer des dizaines d'autres exemples, tant il est courant que la réussite se bâtisse sur l'échec… Regardons plutôt, à travers ces exemples, pourquoi l'échec a tant à nous apporter.

L'échec nous forge le caractère et nous apprend la persévérance

Lorsque nous échouons, nous sommes amenés à nous remettre en cause. Une des premières questions qui se pose alors est : « Ai-je vraiment envie de réussir ? »

Si la réponse est négative ou mitigée, il est probable que l'on s'en tienne à cet échec et que l'on ne trouve pas la motivation suffisante pour réessayer.

2. Si vous souhaitez creuser le sujet, nous ne saurions trop vous recommander la lecture du livre de Charles Pépin, *Les vertus de l'échec*, que nous avons déjà évoqué dans ce chapitre.

Mais si l'envie persiste, voire grandit, alors la frustration que nous ressentons devant l'échec va venir alimenter notre feu intérieur et nous nous donnerons les moyens de recommencer, encore et encore si nécessaire, jusqu'à ce que nous réussissions.

Les personnes qui ont rarement connu l'échec ont tendance à s'effondrer dès qu'elles se trouvent confrontées à de sérieuses déconvenues, voire tout simplement à des reproches ou des critiques. C'est la raison pour laquelle certains enfants particulièrement doués s'effondrent brutalement au collège ou au lycée lorsqu'ils ne peuvent plus se reposer sur leurs seules facilités : au lieu de réagir à de toutes premières mauvaises notes en se disant qu'il faut sans doute changer leur façon de faire (en l'occurrence, il faut se mettre à travailler !), ils se laissent envahir par le sentiment d'échec et d'impuissance, récoltant au passage l'étiquette de « fainéant ».

De même, certains cadres au déroulement de carrière fulgurant se retrouvent fauchés en plein vol suite à une déconvenue professionnelle (échec à un « *assessment* »[3], voire un licenciement) : il leur est alors parfois difficile de rebondir car ils perdent d'un seul coup confiance en eux. Mais si, au contraire, ils font face à cette situation nouvelle pour eux (comme le chômage), ils développent de nouvelles ressources et de nouvelles forces.

J'ai échoué encore et encore et encore

Lorsque, âgé de 15 ans, Michael Jordan découvre avec stupeur qu'il n'est pas sélectionné pour l'équipe de basket de son lycée, il s'effondre : « Je suis allé dans ma chambre, j'ai fermé la porte et j'ai pleuré. Pendant un bon moment, je n'ai pas pu m'arrêter de pleurer. Même s'il n'y avait personne d'autre à la maison à ce moment-là, j'ai gardé la porte fermée.

3. Dispositif utilisé dans certaines entreprises pour évaluer le potentiel des cadres remarqués.

Il était important pour moi que personne ne me voie ni ne m'entende[4]. »
Il décide alors d'arrêter le basket mais, sous l'influence de sa mère qu'il remerciera pour cela, décide de continuer à se battre malgré son immense déception.
Devenu une star internationale, il déclare un jour : « J'ai raté 9 000 tirs dans ma carrière. J'ai perdu près de 300 matchs. 26 fois, on m'a fait confiance pour prendre le tir de la victoire et j'ai raté. J'ai échoué encore et encore et encore dans ma vie. Et c'est pourquoi je réussis. »

La réussite n'est jamais un long fleuve tranquille et il ne peut y avoir de réel succès sans que la route soit parsemée de quelques échecs.

À vous de jouer : je me forge le caractère

Remémorez-vous trois situations dans lesquelles vous avez ressenti un puissant sentiment d'échec.

- ....
- ....
- ....

Comment avez-vous réagi ?

- ....
- ....
- ....

4. Roland Lazenby, *The life*, éditions Talent Sport, 2015.

Quelles qualités avez-vous développées grâce à ces échecs ?

....

Que pensez-vous avoir accompli depuis, que vous n'auriez peut-être pas réussi sans eux ?

....

L'échec nous apprend la responsabilisation et l'humilité et nous confronte à la réalité

Nous avons bien insisté sur l'importance de développer la confiance en soi pour mener à bien des projets. Voici venu le moment de préciser que l'excès de confiance peut également avoir des effets dévastateurs !

En effet, l'excès de confiance va avoir tendance à fausser notre jugement et à nous faire adopter des comportements irresponsables, comme l'absence de préparation pour un sportif de haut niveau, la spéculation excessive pour un trader, le non-respect de la loi pour un homme politique ou, tout simplement, la prise de risque excessive pour qui que ce soit.

Or l'échec nous rappelle nos limites et nous fait redescendre sur terre lorsque notre ego nous emmène trop loin.

Youpi, je suis viré !

Sa réussite fulgurante avait transformé Steve Jobs en patron mégalomane, imbu de lui-même et détestable avec ses employés : « Je ne l'ai tout d'abord pas vu comme ça, mais je pense maintenant que le fait d'avoir été renvoyé d'Apple a été la meilleure chose qui me soit arrivée. » Suite à son licenciement, Steve Jobs se recentra sur ce qu'il savait et aimait faire depuis toujours (bricoler des ordinateurs) et fonda la société Next... qui fut rachetée par Apple !

Et c'est ainsi que, douze ans après avoir été licencié, Steve Jobs se retrouva à nouveau président d'Apple.

Lorsque nous échouons, nous avons souvent tendance à rejeter la faute sur quelqu'un ou quelque chose (le voisin, la concurrence, le système, la conjoncture, les circonstances, les dirigeants...). En faisant cela, nous nous privons d'une leçon de vie et d'apprentissage. Assumer ses responsabilités et rester humble face à l'échec nous permet de tirer des enseignements et de continuer à avancer, en essayant d'autres façons de faire.

Précisons ici que nous ne cherchons pas à balayer d'un revers de main toutes les émotions négatives qui peuvent être liées à l'échec : tristesse, colère, culpabilité, regret, honte... Bien sûr, à chaque échec, nous ressentons certaines de ces émotions et il ne sert à rien de lutter contre. Mais là encore, si le fait d'échouer n'est presque jamais choisi, nous sommes, en revanche, libres de choisir la façon de nous comporter ensuite : libres d'alimenter ces émotions destructrices ou, au contraire, d'adopter une posture constructive qui nous permette de rebondir en acceptant notre responsabilité.

Enfin, l'échec nous permet de nous confronter à la réalité en nous rappelant que, malgré toute notre bonne volonté, certaines choses ne dépendent pas de nous. Certes, quel que soit votre projet, plus vous y croyez et plus vous avez de chances de succès. Hélas, cela ne suffit pas toujours...

Lorsque nous avons investi beaucoup de cœur et d'énergie et que nous échouons, l'analyse de notre échec nous permet de confronter notre vision idéale des choses à la réalité pour en tirer des enseignements qui nous permettront de faire mieux la fois suivante. Et tout cela en gardant à l'esprit les paroles du grand sage stoïcien Marc Aurèle : « Donne-moi la force d'accepter ce que je ne peux pas changer, la volonté de changer ce que je peux changer et la sagesse de savoir distinguer l'un de l'autre. »

L'échec nous permet de passer à autre chose

Nous avons insisté sur les vertus de l'échec en termes d'apprentissage et de persévérance. Mais l'échec est également une formidable opportunité de nous rendre disponible pour autre chose, car il nous invite à nous poser des questions existentielles : suis-je heureux dans ce que je fais aujourd'hui ? Si je devais recommencer, que ferais-je différemment ? Ai-je vraiment envie de continuer à mener ma vie de cette façon ?

J'ARRÊTE DE RENONCER À MES RÊVES !

Ainsi, de nombreux salariés rêvent de monter leur propre entreprise sans oser franchir le pas, jusqu'au jour où ils se font licencier. Tout comme J.K. Rowling rêvait d'être écrivain mais ne trouvait guère de temps pour cela, entre ses contraintes familiales et salariales.

La fabuleuse Madame Maisel

Dans cette série comique américaine que nous vous conseillons pour passer un bon moment, nous nous régalons à suivre le parcours de Madame Maisel, mère au foyer dans les années 1950, qui mène une vie de femme parfaite jusqu'au jour où son mari lui annonce sans préambule qu'il souhaite divorcer.

Alors que tout son entourage est effondré, Madame Maisel décide de ne pas se laisser abattre. S'inspirant des mésaventures qui découlent de sa séparation dans sa vie quotidienne, elle se découvre un incroyable talent pour la comédie standup.

Il arrive d'ailleurs que l'échec soit le résultat d'un auto-sabordage ou acte manqué : un message que notre inconscient nous envoie pour nous sortir d'une illusion dans laquelle nous sommes enferrés. Qui n'a jamais raté un entretien d'embauche pour un poste que, dans le fond, il ne souhaitait pas vraiment obtenir ? Ou enchaîné les gaffes lors d'un rendez-vous galant avec une personne qui, en réalité, ne lui plaisait pas tant que ça ?

Bref, quelles que soient les causes de vos échecs passés, présents ou à venir, il ne tient décidément qu'à vous d'en retirer du positif !

Je valorise mes échecs

Je ressens de la fierté

Nous ne le répéterons jamais assez : pour échouer, il faut avoir osé. Avoir osé sortir de sa zone de confiance, avoir osé prendre des risques, avoir osé se lancer, avoir osé affronter le regard des autres… Bref, avoir osé agir. Et ne serait-ce que cela, c'est une bonne raison de ressentir de la fierté ! Car, comme le disait Théodore Roosevelt : « C'est dur d'échouer, mais c'est pire de n'avoir jamais essayé de réussir. »

Nous connaissons tous l'adage « l'erreur est humaine » : échouer, c'est assumer nos imperfections et notre condition d'être humain. C'est revendiquer le fait de ne pas être parfait et d'aspirer à des choses qui parfois nous dépassent. Les recherches montrent d'ailleurs que, à long terme, les erreurs que nous regrettons ne sont pas celles que nous avons faites mais celles que nous n'avons pas faites[5].

Delphine témoigne : une invention révolutionnaire

Il y a quelques années, sur le chemin de l'école, ma fille Aurore m'annonça qu'elle venait d'avoir une super idée de véhicule écologique : une voiture dans laquelle chaque roue serait en fait un moulin qu'une seule goutte d'eau suffirait à faire tourner ! Elle m'expliqua alors dans le détail la façon dont cette voiture fonctionnerait et j'avoue avoir presque regretté mes connaissances d'adulte qui me permettaient de savoir que cette si belle idée n'était malheureusement pas réalisable telle quelle. J'expliquai à Aurore les raisons pour lesquelles cela ne pouvait pas fonctionner. Alors que je craignais qu'elle soit déçue, j'eus le plaisir de voir son petit visage rayonner : « C'était quand même une bonne idée, pas vrai maman ? »

5. *In* Adam Grant, *Osez sortir du rang !*, éditions De Boeck Supérieur, 2016.

En apprenant à ressentir de la fierté face à l'échec, nous pouvons aller un cran plus loin : partager cette fierté en racontant à d'autres nos échecs ! Certes, le principe des « Failcon » est un peu discutable : il est facile de se vanter de ses échecs quand on a depuis connu un succès retentissant. Mais pourquoi ne pas nous vanter sans attendre qu'un tel succès se produise ? En faisant partager nos échecs, non seulement nous montrons ce que nous avons osé entreprendre, mais en plus nous fournissons à d'autres un précieux matériau d'apprentissage.

À vous de jouer : Youpi, je me suis planté !

Et si vous vous entraîniez à accepter vos imperfections grâce à votre challenge 21 jours ? Rebalayez l'ensemble des actions que vous avez mises en œuvre dans le cadre de votre challenge : y en a-t-il qui n'ont pas donné le résultat escompté ? Si oui, exclamez-vous avec entrain « Youpi, je me suis planté ! ».

Prendre l'habitude de vous réjouir de la sorte vous permettra d'accueillir l'échec avec humilité et, mieux encore, de ressentir pleinement la fierté d'avoir osé agir !

J'apprends et je progresse

Comme le disait Martin Luther King : « Je ne perds jamais. Soit je gagne, soit j'apprends. »

En effet, nos échecs sont notre meilleure source d'apprentissage. Vous en doutez ? Posez-vous cette simple question : « Est-il plus facile pour moi de me remémorer mon plus grand succès professionnel ou ma pire bourde ? » Eh oui, notre cerveau est ainsi fait qu'il retient plus facilement les expériences désagréables[6].

Or les recherches neuroscientifiques montrent que nous apprenons d'autant mieux que nous agissons dans une démarche expérimentale (je teste, j'analyse le résultat, je m'adapte en conséquence).

---

6. Si vous souhaitez creuser le sujet, nous vous invitons à lire ce qui touche à l'habituation hédonique dans notre livre *Cultiver l'optimisme*, éditions Eyrolles, 2018.

Faites donc le calcul : expérimentation + ratage = condition idéale d'apprentissage ☺.

Thomas Edison n'aurait jamais inventé l'ampoule à incandescence sans ses 10 000 échecs, car après chacun d'eux il tirait un enseignement de son expérience ratée, ajustait les conditions expérimentales et réalisait un nouveau test.

À vous de jouer : j'analyse mes échecs

Pour apprendre au mieux de vos échecs, nous vous invitons à les analyser. Pour cela, reprenez ceux que vous avez notés dans les encadrés précédents et posez-vous pour chacun d'entre eux les questions clefs suivantes.

- Quels sont les faits qui me font dire que j'ai échoué ?

  ....

  ....

- Quelles causes de cet échec puis-je identifier ?

  ....

  ....

- Qu'est-ce que cet échec m'apprend ?

  ....

  ....

- En quoi cet échec va-t-il m'aider pour la suite ?

  ....

- Que ferai-je différemment si je me retrouve à nouveau face à un enjeu similaire ?

  ....

  ....

Tout comme le verre d'eau bu lorsque l'on est déshydraté a bien plus de saveur que celui que l'on boit par simple réflexe, nous ne savourons jamais autant la réussite qu'après un échec !

Lorsque nous assumons pleinement nos échecs et que nous en tirons des enseignements, nous nous offrons la possibilité de progresser et de rebondir.

Il arrive cependant que l'échec soit tellement douloureux que nous avons l'impression que nous ne serons jamais capables de rebondir. Voyons ensemble comment surmonter cette fausse croyance.

Je cultive la résilience

Qu'est-ce que la résilience ?

Le terme « résilience » tire son origine de la physique des matériaux, et désigne originellement l'aptitude d'un corps à résister à un choc. Par extension, ce terme décrit en psychologie la capacité d'un individu à rebondir, à surmonter une épreuve difficile ou plus simplement à faire face à un stress important.

Ce concept de résilience a été mis en lumière par des psychologues américains dans les années 1950, sous l'impulsion d'Emmy Werner et de Ruth Smith. Ces dernières ont mené une grande étude auprès de 837 nouveau-nés vivant dans des conditions déplorables (maltraitance, carence affective…) sur l'île de Kauai dans l'archipel d'Hawaï. Un suivi[7] de la majorité de ces enfants jusqu'à l'âge de 40 ans a permis aux chercheuses de poser les bases de la notion de résilience sur le constat suivant : 28 % d'entre eux étaient parvenus à mener une vie « normale », sans plus de troubles psychologiques que le reste de la population ; ils sont ceux que les chercheuses appellent « vulnérables mais invincibles ».

En France, c'est le neuropsychiatre Boris Cyrulnik qui a popularisé le concept de résilience au travers de nombreux ouvrages[8] : ses explorations portent majoritairement sur le monde de l'enfance et des survivants des camps de concentration. À partir de l'observation d'orphelins roumains

---

7. Parution de la monographie : *Vulnérables mais invincibles. Étude longitudinale d'enfants et de jeunes enfants*, Emmy Werner et Ruth Smith, 1982.
8. *Un merveilleux malheur* et *Les vilains petits canards*, éditions Odile Jacob, 1999 et 2001.

de l'ère Ceausescu, d'enfants des rues et de rescapés de la Shoah, il théorise les facteurs de capacité de résilience des individus.

Au premier rang des facteurs auxquels nous pensons généralement spontanément se trouve le facteur génétique. Malgré ce que l'on pourrait croire, ce n'est pas le facteur de résilience le plus important, mais il a un rôle à jouer : les mammifères sécrètent de la sérotonine (souvent appelée « hormone du bien-être ») qui a un fort impact sur leur état émotionnel. Selon la capacité de ses neuro-transporteurs à amener de plus ou moins grandes quantités de sérotonine[9], l'individu sera enclin ou pas à surmonter les épreuves de la vie : nous ne sommes initialement pas tous armés de manière identique face à la dépression et à l'adversité !

Cela étant dit, il est important de relativiser le poids de la biologie dans le processus de résilience : il existe en effet d'autres facteurs, dits « épigénétiques », qui jouent un rôle considérable. En effet, pour l'enfant, un environnement affectivement sécurisant est plus important que la qualité de ses transporteurs de sérotonine. À l'inverse, un bébé doté d'une capacité hors pair à transporter de la sérotonine et qui subit la maltraitance développera un comportement craintif à l'égard du reste du monde et, ainsi, deviendra vulnérable.

Heureusement, rien n'est jamais gravé dans le marbre et l'on sait aujourd'hui, grâce aux recherches sur la résilience, qu'un enfant au passé difficile peut « se réparer » si son environnement affectif se trouve rééquilibré. Il a également été découvert que chacun d'entre nous peut travailler à devenir plus résilient.

Je deviens plus résilient

Selon l'OMS, la dépression deviendra la première cause d'invalidité dans le monde à horizon 2030 ! Sans avoir connu les camps de concentration ou une enfance extrêmement difficile, nous connaissons tous des épreuves au cours de notre vie : deuil, divorce, maladie, licenciement, addiction, stress chronique... Ces situations peuvent être difficiles à vivre et nous obliger à puiser dans nos ressources profondes.

Nous pouvons nous préparer à y faire face en développant nos capacités de résilience ; nous disposerons ainsi de plus de ressources le moment venu.

---

9. Boris Cyrulnik, *De chair et d'âme*, éditions Odile Jacob, 2006.

Plus riche que la reine d'Angleterre

J.K. Rowling, auteure de la saga Harry Potter, perdit en peu de temps sa mère (qui mourut), son mari (qui la quitta) et son travail (elle fut licenciée) ; elle se retrouva sans ressources avec une petite fille à élever, et ne termina son roman qu'après avoir traversé une dépression. Celui-ci fut refusé par de nombreux éditeurs. Toutes ces épreuves ne vinrent pas à bout de la détermination de J.K. Rowling, aujourd'hui plus riche que la reine d'Angleterre !

Nous avons tous besoin dans notre vie de cultiver la résilience : c'est ce que nous vous proposons dans la suite de ce chapitre, avec quelques exercices que vous pouvez appliquer sur les petits tracas qui viennent perturber votre challenge. Avant de commencer, il faut garder à l'esprit que la résilience se joue en deux étapes. En effet, la résilience désigne, d'une part, notre capacité à résister à une épreuve pendant qu'elle survient, d'autre part, notre capacité à nous reconstruire après cet événement.

À vous de jouer : j'identifie dès à présent mes « raisons de résister »

Identifiez dès à présent les éléments importants de votre vie auxquels vous pourriez vous raccrocher en cas de coup dur : essayez d'identifier des personnes, mais aussi des activités/hobbies.

....

....

Pour vous forger un mental de résilient, vous pouvez également vous remémorer la façon dont vous avez surmonté les difficultés de la vie par le passé.

À vous de jouer : je capitalise sur mes expériences passées

Rappelez-vous une épreuve de la vie à laquelle vous avez dû faire face :

....

....

Quelles émotions avez-vous ressenties pendant l'épreuve ?

....

....

Quelles ressources avez-vous mobilisées pour vous en sortir ?

....

....

Quelles émotions avez-vous ressenties pendant le processus de récupération ?

....

....

Avoir pris le temps d'identifier les ressources dont vous disposez vous permet de prendre conscience de vos atouts face à l'adversité et aux problèmes qui surgiront durant votre challenge. Ainsi, vous saurez de nouveau les mobiliser en cas de besoin. Cela vous aide également à cerner les émotions que vous avez ressenties, ce qui vous permettra de les accueillir le cas échéant : effectivement, être résilient, ce n'est pas nier les émotions négatives mais bien les accepter et les accueillir pour les transformer.

Bien sûr, face aux épreuves de la vie, les émotions peuvent être violentes ! D'autant que nous sommes parfois champions pour les rendre encore plus douloureuses : qui d'entre nous n'a jamais ajouté de la peine à la peine en se jugeant si durement que cela vire à l'auto-flagellation ?

Nous sommes tous la cible d'une petite voix intérieure qui avilit, blesse et condamne. C'est une ennemie à combattre, il faut absolument la faire taire pour laisser la place à l'auto-compassion.

À vous de jouer : je pratique l'auto-compassion

Auto-compatir est le fait d'affronter sa souffrance sans porter de jugement sur soi-même.

Il est parfois difficile d'être bienveillant envers soi-même alors qu'on l'est naturellement avec ses proches. C'est sur ce constat que nous allons vous demander de travailler !

Dès que vous vous sentez triste, stressé ou en détresse émotionnelle, traitez-vous en ami : imaginez votre meilleur ami dans votre situation, il se confie à vous. Que pensez-vous, que ressentez-vous, que lui dites-vous ? Prenez une feuille et notez tout cela avec des mots empreints d'empathie, de compréhension et de respect.

Vous avez maintenant tout loisir de relire ces quelques phrases et de pratiquer l'auto-compassion envers vous-même.

Revenons-en à votre challenge !

Vous voilà prêt à savourer les succès et à surmonter les échecs... Il ne vous reste plus qu'à profiter à fond de votre challenge !

En effet, s'il vous faudra probablement traverser des moments difficiles pour le mener à bien, vous allez découvrir que vous pouvez aussi prendre énormément de plaisir dans l'action.

L'essentiel de ce chapitre

• Échouer n'est pas un problème si vous apprenez à bien le vivre. Même si l'échec est globalement mal perçu dans la culture française, d'autres pays le valorisent car il démontre une certaine audace.

• En refusant le sentiment d'échec, vous garderez une posture constructive, qui vous permettra de transformer vos échecs en merveilleuses occasions d'apprentissage.

• L'échec a de nombreuses vertus : nous seulement il vous apprend la persévérance, la responsabilisation et l'humilité, mais, en plus, il vous permet de vous confronter à la réalité, voire de passer à autre chose le cas échéant.

• Vous pouvez être fier de vos échecs, qui prouvent que vous avez osé !

• Enfin, développer vos capacités de résilience (par exemple, en capitalisant sur vos réussites passées) vous permettra d'utiliser toutes vos ressources lorsque vous en aurez besoin.

CHAPITRE 14
Je m'épanouis dans l'action

« Confronté à la roche, le ruisseau l'emporte toujours, non par la force, mais par la persévérance. »

Confucius

Pour tenir votre challenge 21 jours, vous allez avoir besoin d'une sacrée dose de motivation. Si vous avez hésité à passer à l'action, c'est que franchir le pas n'est pas chose facile. Tout ne se fera pas en un jour et vous allez devoir travailler. Mais vos rêves, quels qu'ils soient, en valent la peine.

Dans les moments difficiles, nous vous engageons à vous remémorer ces mots de Benjamin Franklin[1] : « La motivation c'est quand les rêves enfilent leurs habits de travail. »

Je reste motivé

Pourquoi l'endurance vaut mieux que la fulgurance

Pour forger sa théorie sur la « niaque », Angela Duckworth[2], chercheuse en psychologie, a rencontré et interviewé des personnalités qui ont réussi dans la vie (sportifs, artistes...).

C'est ainsi qu'elle a mis en relief les points communs des personnes ayant rencontré le succès :

- ils sont à la fois talentueux et chanceux ;
- ils font preuve de résilience face à l'échec ;
- ils recherchent sans cesse comment s'améliorer quels que soient les efforts et les souffrances à endurer ;
- ils se montrent persévérants jusqu'à l'acharnement.

---

1. Imprimeur, éditeur, écrivain, naturaliste, inventeur et homme politique américain du XVIIIe siècle.
2. Angela Duckworth, *L'art de la niaque*, éditions JC Lattès, 2017.

Les deux premiers facteurs évoqués par Angela Duckworth semblent être des composants évidents de la réussite et ils nous viennent spontanément à l'esprit. Quant aux deux autres, ils sont bien souvent occultés. En effet, notre société moderne est friande de contes de fées dans lesquels la réussite est le fruit de la magie du talent. Dans la réalité, le rêve d'un don inné laisse place à des entraînements laborieux.

Dan Chambliss[3] a mené une étude auprès de nageurs de compétition et en a conclu que « les performances exceptionnelles résultent de dizaines d'actions qui supposent d'appliquer des compétences n'ayant rien d'extraordinaire en elles-mêmes. Seule leur répétition sur le long terme et le soin apporté à leur pratique mène à l'excellence. »

La minute culturelle

John Irving, célèbre écrivain américain dit, au sujet de ses premiers romans : « J'ai écrit chaque ligne sérieusement préoccupé par mon manque de talent. »
Il est connu qu'Irving réécrivait ses textes à l'infini, peut-être parce qu'il avait souffert de dyslexie durant ses années passées à l'école.

Irving nous donne une double leçon en relatant son expérience : d'une part, pour réussir, il faut avant tout de la pugnacité, d'autre part, ce ne sont pas forcément les plus doués qui réussissent.

De fait, Angela Duckworth explique qu'un individu deux fois plus doué que son homologue mais qui serait deux fois moins déterminé parviendrait au mieux au même niveau de compétences. En revanche, il aurait beaucoup moins de réalisations concrètes à son actif, et donc beaucoup moins de chances d'embrasser le succès !

3. Sociologue qui a mené l'étude « The Mundanity of Excellence : An Ethnographic Report on Stratification and Olympic Swimers », *Sociological Theory* 7, 1989.

Pour achever de vous convaincre, citons cette étude[4] de Catherine Cox (psychologue américaine spécialiste de l'intelligence humaine), qui porte sur 301 personnages historiques des quatre derniers siècles. Elle a calculé *a posteriori* le QI qu'ils avaient dans l'enfance. Elle a démontré que le QI ne déterminait pas le niveau de réussite et a donc étudié les traits de personnalité de chacun. À l'issue de son étude, elle a conclu qu'« une grande intelligence associée à une persistance tenace conduira à la prééminence plus sûrement qu'un haut niveau d'intelligence combiné à une ténacité moindre. »

En d'autres termes, pour réussir, il faut un peu de talent et beaucoup, beaucoup de travail… régulier.

Ça tombe bien, vous venez juste de commencer votre challenge 21 jours !

Je développe mon sentiment d'efficacité personnelle

Le sentiment d'efficacité personnelle est un concept développé par le psychologue Albert Bandura[5]. Il fait référence à la confiance d'une personne en sa capacité à réussir des tâches, à atteindre des objectifs ou à faire face à des situations critiques.

Selon Albert Bandura, avoir des compétences ne suffit pas pour réussir, il faut en plus se sentir capable d'accomplir la tâche. Ainsi, le sentiment d'efficacité personnelle est prédictif de la réussite. Selon Jacques Lecomte, traducteur d'Albert Bandura[6] : « Des personnes différentes avec des aptitudes identiques, ou la même personne dans des circonstances différentes, peuvent obtenir des performances faibles, bonnes ou remarquables, selon les variations de leur croyance d'efficacité personnelle. Certes le niveau de compétences influe sur les performances obtenues, mais son impact est fortement médiatisé par les croyances d'efficacité personnelle. »

Le sentiment d'efficacité personnelle est un moteur essentiel de l'action et de la persévérance : un fort sentiment d'efficacité nous pousse à

---

4. Catherine Cox, *The Early Mental Traits of three hundred geniuses*, Stanford University Press, 1926.
5. Albert Bandura, *Auto-efficacité : le sentiment d'efficacité personnelle*, éditions De Boeck, 2007.
6. Collectif, « Autour de l'œuvre d'Albert Bandura », revue *Savoirs*, hors-série, 2004.

nous fixer des objectifs plus ambitieux, à produire plus d'efforts pour les atteindre, à persévérer davantage et à mieux gérer nos échecs.

De fait, la théorie développée par Albert Bandura est aujourd'hui utilisée dans plusieurs domaines tels que l'éducation, le travail, le sport, la santé et même les phobies (qui seraient le résultat d'un faible sentiment d'efficacité personnelle chez un individu quant à sa capacité de réagir convenablement devant l'objet de la peur).

Ce sentiment d'efficacité personnelle, qui constitue une dimension essentielle de la réussite et de l'épanouissement personnel, se construit tout au long de la vie : en effet, nous nous sommes tous forgé, petit à petit, un sentiment d'efficacité personnelle pour chaque nature de tâches que nous accomplissons, ceci dès nos années d'école... Mais nous pouvons agir pour le modifier !

Aurélie témoigne

En primaire, mon travail scolaire péchait par le soin. Je faisais mes devoirs en quelques minutes mais cela était du « vite fait ». Je commençais à nourrir le sentiment que je n'étais pas douée pour les travaux soignés, surtout lorsque l'on me comparaît à ma sœur, qui avait un talent pour le dessin de précision.

Au collège, les cours de dessin ont commencé. Je me rappelle ma meilleure note, obtenue pour la réalisation d'un cercle chromatique à la gouache... réalisé par ma sœur !

J'ai construit (ou plutôt déconstruit) durant toute ma scolarité mon sentiment d'efficacité personnelle en arts plastiques.

À l'âge adulte, je me suis intéressée à la facilitation graphique dans le cadre de mes activités professionnelles. J'ai décidé de suivre une formation pour travailler le sujet, qui consiste à utiliser le dessin pour favoriser les échanges et les réflexions au sein d'un groupe (afin de lui permettre de construire une vision commune). Je pensais que je ne serais pas capable de

J'ARRÊTE DE RENONCER À MES RÊVES !

faire quelque chose de bien, que j'aurais l'air ridicule à côté des autres. Dès le début du cursus, la formatrice a levé ces craintes et nous a mis à l'aise... Et le miracle s'est produit après plusieurs heures de cours !
Aujourd'hui, j'utilise le dessin sans complexe dans mon métier de consultante et j'y prends même beaucoup de plaisir ☺.

La morale de cette histoire est que le sentiment d'efficacité personnelle se construit et se déconstruit au gré des quatre leviers d'action identifiés par Albert Bandura :

- **Les expériences personnelles de la maîtrise**

En vous remémorant vos expériences passées, vous rassemblez des informations sur ce qu'il vous faut pour réussir et sur votre capacité à parvenir ou non au succès. De fait, plus vous accumulez les victoires et plus vous renforcez votre sentiment d'efficacité personnelle, alors qu'une succession d'échecs aura pour effet de faire décliner ce sentiment.

Ces expériences personnelles de la maîtrise sont donc la manière la plus évidente de construire son sentiment d'efficacité pour une tâche donnée et d'enclencher la dynamique du succès !

Pour rebooster un sentiment d'efficacité personnelle en berne sur un sujet précis ou pendant votre challenge, vous pouvez découper votre objectif ou votre tâche en petites réalisations. Petit à petit, vous engrangerez des victoires qui vous donneront confiance en votre capacité à atteindre votre objectif initial ! Bien évidemment, il faut que les activités ainsi accomplies aient un lien étroit avec le but recherché *in fine* et qu'elles vous permettent ainsi d'évaluer vos progrès *via* un feedback immédiat.

À vous de jouer : j'augmente mes chances de succès

Remémorez-vous une réussite sur une tâche « proximale » (concrète et proche de votre objectif). Prenez le temps d'identifier ce qui vous a permis d'être victorieux :

....

....

....

Comment cette victoire va-t-elle contribuer à l'objectif de votre challenge 21 jours ?

....

....

En quoi vous donne-t-elle confiance pour réussir votre challenge ?

....

....

....

- **Les expériences vicariantes**

« S'il y arrive, pourquoi pas moi ? » pourrait bien être l'adage de ce concept d'expériences vicariantes. En effet, cette notion repose sur le fait de voir réussir dans une tâche une personne qui nous ressemble en termes de profil. Cela nous rassure quant à notre propre capacité à parvenir à notre but.

En revanche, n'abusez pas de ce levier car la comparaison sociale peut parfois être déroutante lorsque la personne échoue ou lorsque notre ego nous pousse à l'envier.

À vous de jouer : je trouve mon double

Qu'il s'agisse d'une personne célèbre, d'une simple connaissance ou d'un proche, de qui pourriez-vous vous inspirer dans votre projet ? Cherchez parmi les gens qui vous ressemblent et auxquels vous pouvez vous identifier sans les jalouser.

- **La persuasion verbale**

À l'entrée de l'école de leurs enfants, les parents sont parfois déroutés en réalisant que leur progéniture accorde plus de crédit à la parole de l'enseignant qu'à la leur (pour ce qui concerne des enseignements spécifiques). En effet, le jugement établi par un expert, un mentor sur une tâche pour laquelle il est estimé légitime a plus de poids que celui de toute autre personne.

De fait, des encouragements et des commentaires positifs sur les performances émises par une personne « significative » ont pour effet de doper le sentiment d'efficacité personnelle.

Aurélie témoigne

Lorsque j'étais responsable d'un centre d'appels, j'ai recruté une jeune femme peu sûre d'elle : à l'écart du monde du travail depuis un moment, elle ne pouvait pas faire appel à beaucoup d'expérience de la maîtrise pour booster son sentiment d'efficacité personnelle que je voyais décliner au gré de ses difficultés. Pourtant, je savais qu'elle disposait de ressources intérieures pour exceller dans le métier.

Au fil des discussions, j'ai valorisé ses petites victoires et lui ai répété ce mantra : « Croyez en vous autant que je crois en vous et vous déplacerez des montagnes ! »

Les résultats n'ont pas tardé à venir...

À vous de jouer : je vais chercher des feed-back positifs

Nous n'insisterons jamais assez sur l'importance de l'entourage pour réussir votre challenge.

Quelles sont les personnes dont l'avis est important pour vous et qui sont d'un naturel constructif et positif ?

Demandez-leur des commentaires, appréciations, avis sur vos actions !

- **Les états psychologiques et émotionnels**

Nous interprétons sans cesse l'état psychologique et émotionnel dans lequel nous nous trouvons : à titre d'illustration, une accélération du rythme cardiaque lors d'une présentation orale peut être interprétée comme un signe d'excitation ou comme un signe de faiblesse et de fragilité. L'impact sur le sentiment d'efficacité personnelle sera positif dans la première interprétation et délétère dans la seconde.

Un niveau de stress élevé associé à un sentiment de plaisir au cours d'une activité aura des effets bénéfiques sur le sentiment d'efficacité personnelle. En revanche, stress et sentiment de perte de contrôle font un bien mauvais cocktail.

Pour vous attaquer à des tâches difficiles, il vous faudra rechercher des conditions psychologiques et émotionnelles favorables.

À vous de jouer : je m'écoute

Pendant votre challenge, ne vous lancez pas dans des tâches ardues lorsque vous n'êtes pas en forme ! Il y a un temps pour tout et mieux vaut parfois s'octroyer un répit.

Si vous devez vraiment vous atteler à une tâche difficile alors que vous n'êtes pas au top, des gestes simples d'auto-bienveillance pourront vous y préparer (par exemple, prendre le temps d'appeler une amie, de boire un thé, de croquer un carré de chocolat, de faire quelques étirements, de lire une bande dessinée…).

Je cultive le *flow*

Qu'est-ce que le *flow* ?

Littéralement, le mot anglo-saxon *flow*[7] signifie flux ; il est traduit par « expérience optimale » en français.

La théorie du *flow* a été développée par Mihaly Csikszentmihalyi, un des grands psychologues dans la mouvance de la psychologie positive. Elle désigne l'« enchantement profond que nous ressentons lorsque nous sommes dans le plein contrôle de nos actions[8] ». C'est ce sentiment d'excitation, d'exaltation qui nous envahit quand nous sommes complètement absorbés par une tâche, tellement concentrés que nous en venons même à perdre la notion du temps.

Les exemples qui viennent à l'esprit lorsque nous parlons d'expérience optimale sont plutôt d'ordre sportif ou artistique : nous pensons, par exemple, spontanément à un musicien qui interprète un morceau de tout son être, ou à un footballeur telle la légende brésilienne Pelé qui déclara : « J'ai eu l'impression de pouvoir courir une journée entière sans fatigue, de pouvoir dribbler à travers toutes leurs équipes, que je pouvais presque leur passer au travers physiquement. »

Cependant, force est de constater que nous avons déjà tous ressenti l'expérience optimale au cours de notre existence (nous vous avouons qu'au moment même où nous écrivons ces quelques lignes, nous exultons ☺).

En effet, si les premières recherches de Mihaly Csikszentmihalyi ont été menées sur des experts (artistes, sportifs de haut niveau, joueurs d'échecs, chirurgiens), le modèle théorique a ensuite été confronté à la réalité de « monsieur et madame Tout-le-monde », quels que soient leur âge, leur origine sociale, leur nationalité, leur culture, leur sexe… Une conclusion s'est alors imposée à nos chercheurs : le *flow* est un phénomène universel !

---

7. Également appelé « *zone* », notamment dans le domaine sportif.
8. Mihaly Csikszentmihalyi, *Vivre : la psychologie du bonheur,* éditions Robert Laffont, 2004.

Confidences d'Aurélie

J'ai identifié certaines activités qui génèrent chez moi cet état de flow.

La première source d'expérience optimale surgit lorsque je passe certains moments avec mes fils : ça n'arrive pas à coup sûr, mais parfois la magie se produit, nous sommes complètement absorbés dans un moment de partage et j'en reste béate.

Le deuxième concerne mon activité professionnelle : lorsque je donne une conférence, anime ou même prépare un atelier, la concentration et l'engagement sont tels que je ressens le *flow*.

Enfin, la piètre sportive que je suis apprécie l'aspect méditatif que me procure l'enchaînement des longueurs à la piscine : certes, la douleur engendrée par l'effort est présente, mais elle semble participer de cet état de *flow* qui s'empare de moi à ce moment-là.

Vous l'aurez compris, le *flow* n'est pas forcément constitué que de moments de bien-être ; l'effort et la souffrance peuvent être présents à côté du plaisir et de l'épanouissement !

À vous de jouer : vos confidences personnelles

Le meilleur moyen de toucher du doigt le plaisir apporté par le *flow* est de se reconnecter au moment où vous en avez fait l'expérience : lors de loisirs créatifs, de compétitions sportives, au travail...

Parmi les actions que vous avez accomplies pendant votre challenge 21 jours, quelles sont celles qui vous ont permis d'atteindre l'état de *flow* ?

....

Quels sont les facteurs qui ont fait survenir cet état ?

....

Y a-t-il d'autres activités dans votre vie qui vous permettent d'atteindre l'état de *flow* ? Si oui, lesquelles ? Et comment pourriez-vous les mettre à profit ou les reproduire dans le cadre de votre challenge ?

....

Les études sur l'expérience optimale en décrivent les caractéristiques précises et nous pourrions écrire un livre entier sur le sujet. Nous préférons ici nous focaliser sur la façon d'inscrire le *flow* dans votre challenge à vous !

Je n'attends pas le moment idéal pour provoquer mon *flow*

La tentation est grande d'attendre que toutes les conditions extérieures soient réunies pour essayer de provoquer le *flow*... Mais comme beaucoup de choses dans la vie, il n'y a pas de moment idéal, il faut juste se lancer. Vous en doutez ? Rappelez-moi le titre du livre que vous tenez entre les mains... ☺

Si le *flow* peut survenir à tout moment, il nécessite de votre part une concentration intense et focalisée sur le moment présent : plus vous êtes absorbé par votre tâche exigeante, plus vous êtes susceptible de ressentir le *flow*.

Dans l'exercice précédent, au cours duquel vous avez identifié les activités qui ont provoqué chez vous une expérience optimale, nous sommes prêtes à parier qu'il n'y avait aucune activité dans laquelle vous étiez complètement passif (comme surfer en dilettante sur les réseaux sociaux ou regarder la télévision). Cela est normal : le *flow* survient lorsque le corps et/ou l'esprit sont utilisés au maximum « dans un effort volontaire, en vue de réaliser quelque chose de difficile et d'important[9] ». Cerise sur le gâteau, si vous parvenez à réduire les activités passives, vous pourrez y substituer des activités plus nourrissantes, génératrices de *flow*.

---

9. Citation de Mihaly Csikszentmihalyi, *Vivre : la psychologie du bonheur,* éditions Robert Laffont, 2004.

À vous de jouer : concentrez-vous...

Pour pouvoir vous adonner complètement à votre challenge, il faudra vous ménager des plages pendant lesquels vous ne serez pas dérangé.

Dans ces moments dédiés, il faudra éviter le multitâches, qui nuit à vos capacités de concentration, et privilégier un travail approfondi sans distraction : exit donc les notifications des réseaux sociaux et courriels...

Je provoque mon *flow* en équilibrant défi et compétences

Vous avez choisi d'arrêter d'hésiter et de passer à l'action : si cette décision n'a pas été facile à prendre, c'est probablement qu'elle représente un défi pour vous et que vous allez devoir mobiliser nombre de compétences pour y parvenir : c'est déjà un excellent début pour parvenir au *flow* !

En effet, l'expérience optimale intervient plus aisément lorsque, d'une part, l'activité nécessite des compétences perçues comme importantes et, d'autre part, elle représente un défi pour celui qui la réalise. Pour expliquer la conjugaison de ces deux facteurs, Mihaly Csikszentmihalyi a établi le graphique suivant :

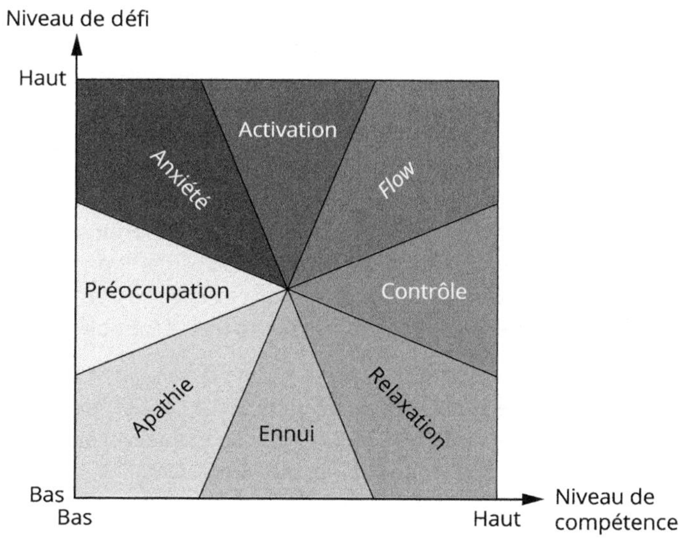

Pour vivre l'expérience optimale, il est donc nécessaire d'équilibrer les compétences et le défi à des niveaux suffisamment élevés, faute de quoi l'ennui, le stress ou l'apathie pourront faire leur apparition. Si vous vous trouvez dans le contrôle en réalisant une activité, vous pouvez tenter d'augmenter le niveau de défi pour atteindre le *flow*.

À vous de jouer : équilibrez !

Établir une liste de vos activités quotidiennes les plus fréquentes et les situer sur le graphique ci-dessus vous permettra d'identifier vos besoins de défis ou de compétences. Ceci vous permettra par la suite de vous ajuster vers le *flow* pour chacune de ces activités.

Ainsi, face à une activité qui vous ennuie, la stratégie sera d'augmenter le niveau de difficulté ou d'ajouter des tâches plus complexes.

À l'inverse, face à une activité qui vous angoisse ou pour laquelle vous ne vous sentez pas complètement en contrôle, la stratégie sera d'identifier vos besoins et les alternatives qui vous permettront de les combler. Quelles formations pouvez-vous suivre ? Un mentor pourrait-il vous guider ? Quelles autres ressources ou aide extérieure pouvez-vous aller chercher pour augmenter votre niveau de compétence ?

Le *flow* pour accéder au bonheur

Aristote, déjà, affirmait que tout homme a pour seul et unique but d'accéder au bonheur.

Nombre de philosophes et de psychologues contemporains s'accordent sur le fait que l'action est un levier d'épanouissement personnel. Des études scientifiques sont venues corroborer ces théories en démontrant les bénéfices des expériences optimales sur le bien-être et le bonheur.

Tout ce que nous souhaitons, c'est que passer à l'action vous permette d'atteindre cet état de grâce. Rappelez-vous cette citation de Confucius : « Tous les hommes pensent que le bonheur se trouve au sommet de la montagne, alors qu'il réside dans la façon de la gravir. »

L'essentiel de ce chapitre

- Pour réussir votre challenge, nous vous conseillons de miser sur l'endurance et le travail régulier.
- Vous pouvez développer votre sentiment d'efficacité personnelle en vous remémorant vos réussites passées, en vous fixant de petits objectifs faciles à atteindre, en vous inspirant de personnes qui vous ressemblent et en allant chercher des feed-back positifs auprès de votre entourage.
- Enfin, soyez à l'écoute de vous-même et vous percevrez mieux les éléments qui vous permettent d'atteindre ce sentiment d'exaltation qu'est *le flow* : rien ne vous résistera plus ☺.

Conclusion

Vous voilà arrivé au bout de ce livre : bravo pour ce beau démarrage !

Selon les objectifs que vous vous êtes fixés, le chemin qui vous reste à parcourir sera plus ou moins long, parfois aisé, parfois ardu… Il sera ponctué de belles réussites, sans doute parfois d'échecs : à vous de savourer les unes et d'apprendre des autres, en gardant confiance en vous.

Nous espérons vous avoir apporté des clefs qui vous donneront la force d'initier un mouvement durable et que le challenge sur 21 jours vous donnera l'élan nécessaire pour aller au bout de vos rêves. Que vous le réussissiez du premier coup ou que vous ayez besoin de vous y reprendre à plusieurs fois, gardez votre objectif en vue et ne baissez jamais les bras !

Nous sommes persuadées que l'action entraîne l'action et nous permet d'avancer sur la route de l'accomplissement personnel.

C'est cette conviction qui nous anime, nous a poussées à écrire notre premier livre[1], puis nous a boostées pour poursuivre avec celui-ci !

Notre deuxième moteur de cette belle aventure, c'est VOUS : nous vous remercions chaleureusement d'être resté en notre compagnie jusqu'à ces pages et peut-être même au-delà…

Les retours de nos lecteurs sont précieux et nous prenons un grand plaisir à les lire et à y répondre. Alors, n'hésitez plus ☺, vous pouvez nous contacter *via* nos sites Internet : pennelup.com et delphine.luginbuhl.com

À très bientôt !

Aurélie & Delphine

Aurélie Delphine

1. *Cultiver l'optimisme : booster ses émotions positives et planter les graines du bonheur,* Éditions Eyrolles, 2018.

Bibliographie

Achor Shawn, *Comment devenir un optimiste contagieux*, éditions Belfond, 2012.

Courteline Georges, *La Philosophie de Georges Courteline*, FB Éditions, 2015.

Bandura Albert, *Auto-efficacité : le sentiment d'efficacité personnelle*, éditions De Boeck, 2007.

Cocteau Jean, *Le Coq et l'Arlequin*, éditions Stock, 1918.

Collectif, « Autour de l'œuvre d'Albert Bandura », *in* revue *Savoirs*, hors-série, 2004.

Collectif, « De l'apprentissage social au sentiment d'efficacité personnel », *in Autour de l'œuvre d'Albert Bandura*, éditions L'Harmattan, 2017.

Cox Catherine, *The Early Mental Traits of three hundred geniuses*, Stanford University Press, 1926.

Csikszentmihalyi Mihaly, *Vivre : la psychologie du bonheur,* éditions Robert Laffont, 2004.

Cuddy Amy, *Montrez-leur qui vous êtes : modifier votre attitude corporelle pour atteindre vos rêves*, éditions Marabout, 2016.

Cyrulnik Boris, *Un merveilleux malheur*, éditions Odile Jacob, 1999.

Cyrulnik Boris, Jorland Gérard, *Résiliences, connaissances de base*, éditions Odile Jacob, 2012.

Cyrulnik Boris, *Les vilains petits canards*, éditions Odile Jacob, 2001.

Duckworth Angela, *L'art de la niaque*, éditions JC Lattès, 2017.

Fenouillet Fabien, *La motivation*, éditions Dunod, 2017.

Gladwell Malcolm, *La force de l'intuition*, éditions Robert Laffont, 2006.

Grant Adam, *Osez sortir du rang ! Comment les esprits originaux changent le monde*, éditions De Boeck Supérieur, 2016.

Kübler-Ross Elisabeth, *On Death and Dying*, Macmillan, 1969.

Kübler-Ross Elisabeth et Kessler David, *Sur le chagrin et sur le deuil : trouver un sens à sa peine à travers les cinq étapes du deuil*, éditions Lattes, 2009.

Laborit Henri, *L'éloge de la fuite*, éditions Gallimard, 1985.

Lazenby Roland, *The life*, éditions Talent Sport, 2015.

Lecomte Jacques, *La Bonté humaine*, éditions Odile Jacob, 2014.

Lewicki Christine, *Wake Up !*, éditions Eyrolles, 2016.

Lewicki Christine, *J'arrête de râler*, éditions Eyrolles, 2011.

Luginbuhl Delphine et Pennel Aurélie, *Cultiver l'optimisme*, éditions Eyrolles, 2018.

Lundin Stephen C., Paul Harry et Christensen John, *Fish*, Un monde différent, 2010.

Lyubomirsky Sonja, *Comment être heureux et le rester*, éditions Flammarion, 2008.

Magnes Jean-Pierre, Teyssier D'Orfeuil Luc, *La méthode Coué : Être plus épanoui avec l'autosuggestion consciente*, éditions Eyrolles , 2011.

McDonald Lucy, *Apprendre à être optimiste (pour gérer notre stress et préserver notre santé)*, Le Courrier du Livre, 2005.

Pennel Denis, *Travail, la soif de liberté : comment les start-uppers, slashers, co-workers réinventent le travail*, éditions Eyrolles, 2017.

Pépin Charles, *Les vertus de l'échec*, Allary Éditions, 2016.

Robbins Anthony, *Pouvoir illimité*, éditions Robert Laffont, 2015.

Seligman Martin, *S'épanouir. Pour un nouvel art du bonheur et du bien-être*, éditions Belfond, 2013.

Servan-Schreiber Florence, *3 kifs par jour*, éditions Marabout, 2011.

Wiseman Richard, *Comment mettre la chance de vote côté !* InterÉditions, 2012.

Table des matières

Dépôt légal : avril 2019

IMPRIMÉ EN FRANCE

Achevé d'imprimer le 8 avril 2019 sur les presses de l'imprimerie « La Source d'Or »
63039 CLERMONT-FERRAND - Imprimeur n° 13788K

Dans le cadre de sa politique de développement durable, La Source d'Or a été référencée IMPRIM'VERT® par son organisme consulaire de tutelle.
Cet ouvrage est imprimé - pour l'intérieur - sur papier offset 90 g provenant de la gestion durable des forêts, produit par des papetiers dont les usines ont obtenu les certifications environnementales ISO 14001 et E.M.A.S.